閱讀在靈光消逝的年代裡

35本書以及閱讀的理由

耿一偉——著

目次

第二部 藝術

第三部　思想

第四部　故事寫作

聽，天使在唱歌

我成長的一九八〇年代，非常流行聽西洋音樂，當時最熱門的節目，是余光在警廣的廣播。他的節目是每周一到周五晚上的七點到八點，我都會固定守在收音機前，特別是周五晚，那天他會介紹最新的告示牌（Billboard）前二十名的單曲。不過要說最新，其實已是至少兩到三到禮拜前的資訊了。當時沒有網路，得等美國那邊將榜單與音樂寄過來台灣，余光才能在節目中播放。

但我實在沒辦法等那麼久，為了想要知道最新的告示牌排行，我決定把存的錢拿出來買一台短波收音機。那時一台短波收音機要三、四千塊，感覺像是現在年輕人去買iPhone。當年還是冷戰時期，各國都有短波電台，向全世界廣播，宣揚其政治理念，有美國之音、英國廣播公司或是

000

導論書的導論

德國之聲等。這些電台的頻率是一般的 AM/FM 收不到的，唯有透過短波收音機才聽得到。不知道為什麼，我覺得在這浩瀚的短波海洋中，一定會讓我撈到一個美國電台，節目中會播放范海倫樂團（Van Halen）或是史班杜芭蕾合唱團（Spandau Ballet）的最新單曲。現在回想起來，感覺就像是進入了影集《怪奇物語》（Stranger Things）的世界，但真的，那就是那個年代的普遍氛圍，即便故事是發生在美國。

那天晚上風很大，應該是我高一升高二的暑假，我帶著剛買到的短波收音機，騎著腳踏車，到花蓮市的南濱海邊，將收音機打開，用手指轉著調整頻道的轉鈕，試著辨識出聽得懂的聲音。不久，奇蹟發生了，我真的找到一個夏威夷的電台，名字叫 KYLM 之類的，正在介紹最新美國告示牌排行榜前四十名。我聽到的第一首歌如天籟般從收音機裡傳出來，那是舞韻合唱團（Eurythmics）的「There Must Be an Angel (Playing with My Heart)」。我不知道是因為歌曲太好聽，還是那一刻對我來說就像是天使現身，我這一輩子都無法忘記歌曲一開始的「La la la la la... Dara... dada, la la la la la la... Dara... dada」！

對西洋流行音樂的熱情還造成其他的影響。為了想獲得更多資訊，余光音樂雜誌一創刊，我就開始訂閱，雜誌每一期都附有告示牌單曲百大與專輯兩百大排行。

我大學畢業時，曾經去算紫微斗數，老師對我說：「你成長過程中，常常很晚睡，不知道在做什麼。」其實我知道為什麼，我半夜都在研究排行榜上的名單。這些排行不是只有歌曲或專輯名稱，還有製作人、上榜週數以及是否獲得金唱片或白金唱片等資訊。有些專輯雖然沒有進入前二十名，卻可能停留週數很長，甚至獲得金唱片。我會猜測這是否這意味著這些專輯或歌曲更為耐聽，即使我在廣播節目從來沒聽過。這些名字會引發我的好奇，成為去唱片行狩獵的目標。這個經驗影響了我後來很喜歡蒐集與研究各種名單，它訓練我對各種蛛絲馬跡的探索，就像是偵探一般。

書架上的最初

千禧年後，我從布拉格回來。當時我從捷克寄回了三十幾箱的書與資料。捷克國家小，許多書都不太容易再版，去舊書店尋寶，成了我每個禮拜的固定行程。其中有一家藝術二手書店是後來常去的地方，我在那裡培養出對超現實主義的興趣。後來當出版社邀請我為《超現實主義宣言》寫導讀的時候，我已經在這個題目上浸淫了很久，閱讀過許多相關資料。在本書的〈詩歌、愛情與革命的子彈火力全開〉一文中，我就略為提到這段時光。

這本書收錄了我近二十年來為各種書籍寫的導論或導讀，最早的一篇是二〇〇四年為《童話治療》寫的〈女性的分析之道〉。通常，一篇導論的書寫，要花一個半月到兩個月左右的時間，前提是我要對這個題目有興趣，我會願意將所有閒暇時間都拿來準備這篇文章。首先，當然是先將全書讀過至少兩遍，讓文本得以進入身體。我會開始跑圖書館，去借各種相關的資料回來查閱。大量進食的閱讀過程中，有些想法或句子會在睡前胡思亂想時，像泡泡一樣浮上意識表面。我會將它們記下來，但不會太快或太早就去構思整體架構，而是讓這些內容在我的無意識醞釀，直到不同想法之間，開始浮現相關連結，我就知道這篇文章快要成熟，可以準備動手寫了。

二〇〇四年出版了一本書叫《逛書架》，裡面介紹了十多位愛書人的書架，我是其中一位。當年我還默默無名，在景美租房子，捷克寄回來的書加上自己平日買的書，堆滿了我小小的房間，那時買不起木質書架，只能去師大路的便宜百貨店，買正方形的鐵製網格，組成臨時書架。但是這些網格的承重不足，往往被書壓到凹陷。《逛書架》就有照片，捕捉了這樣的慘狀。不過，書中沒有記錄到的更悲慘的，是每隔三、四個月，這些臨時書架會因為過重而造成中間的卡榫滑動鬆弛，最後書架會瞬間整個垮下來，讓我欲哭無淚。要重新把書上架是非常累的事。我的書架沒有什麼系統，它們就像是一片野生草原裡的羊群，而我是牧羊人，羊群會亂跑，牧羊人只是憑野性的思維，去記住每隻羊。我對每一本書放在哪個區域會有身體的記憶，但不見得馬上找得到要找的那一本，卻會在找書的過程，發現很久沒有看到的另一本書。書架垮的時候，這種情形會呈現指數成長，上架的過程會變得很慢，每一本我都要重新再翻閱一下，因為好久沒看到這隻羊，得摸它一下。

當然，我不是什麼都會寫，我有興趣寫的導論，還需要一個另一個前提，是我對這位作者或題材已具有一定的知識背景。法國諾貝爾文學獎得主蒙迪安諾，我對他的小說不熟，但要寫的導論，是關於他的劇本《我們人生的最初》，這就讓我有一定的把握，去接受書寫導論的挑戰。我比較喜歡吸收第一手的資料給我的靈感，特別是作者在出版這本書的同期與前後期的作品，往往能給出更多解讀的線索。寫書是這樣，作者不見得是寫完一本才寫另外一本，有時可能好幾個計畫會同時醞釀，有時先寫好的作品，也不見得會先出版。所以我偏好先去了解這部著作當年出版的狀況，再根據對版本的理解去做詮釋的定位。像〈遊蕩在一座名為班雅明的迷宮城市〉、〈離開地面一寸，重啟面對他者的力量〉、〈成為卡夫卡的親人與朋友〉、〈文學作為一道反抗災難的陽光〉、〈當下的開放〉等好幾篇文章，我在文章一開頭，都是先釐清當年出版的狀況，而不是直接切進內容詮釋。

我在網路上查到一些評論與訪談，都提到《我們人生的最初》與他另外一本書《家譜》的關係。我覺得這是個線索，在台大找到這部小說的英文本。兩本書交叉閱讀的結果，最後得出自己對這部劇本的解讀。我希望我的導讀不光只是一種知識性的詮釋或是單純介紹，也是奠基在我個人創作與人生經驗上。大學畢業當完兵後的一九九〇年代中期，我有一段時間在花蓮的有線電視台工作，有很多直播節目都是在晚上九點才開始，有時我會擔任導播，有時則擔任主持人的工作，我甚至自己主持一個叫《書蟲俱樂部》的節目。下午的時候，通常記者們會外出採訪，我若沒有跟拍，就躲在咖啡廳看書。我不太會拿這個社會的標準來定義自己，但我有自己想做的事，只是我不在意這些事情在別人眼光看來是如何。反正我覺得，這是我的人生，我又沒犯法，也沒管你們的生活該如何過，請別來管我。

細讀的力量

有一次我在圖書館借到一本高全之寫的《王禎和的小說世界》，讓我印象非常深刻。高全之對王禎和的解讀，並非先立足在特定的文學理論，而是根據他對王禎和和作品的細讀所進行的詮釋。這讓我感覺非常到位，解讀的主要證據都出自王禎和的文本。後來做劇場之後，我發現有些導演在做劇本分析時，會與演員一起面對面對於文本進行長期的討論與分析，而不是去運用二手的閱讀資料。在〈當劇場白光驅走人生昏暗——評《我們人生的最初》〉這篇文章一開頭，我提到俄國劇場導演多金（Lev Dodin），他對劇本分析的技巧，對我有很大影響。多金的想法是，一位劇作家在寫台詞時，為何選擇這句話而不用另一句話，一定有他的用意，只要我們願意挖掘，願意讓台詞穿透我們，我們就可以在文本的某處找到支持這個想法的證據。

在〈想像力的證詞——班維爾、卡夫卡與納博科夫〉一文的結尾，我提及愛爾蘭文學批評家丹尼斯·多納霍（Denis Donoghue）對細讀（close reading）的支持。

我會引用這段文字，而不引用別的，一樣是透露了我對文本細讀的偏愛。這倒不是說我反對文學理論，只是我不喜歡理論先行，覺得那樣會限縮我對新事物的觀察，只找尋對自己有利的解釋。畢竟，書寫導讀的樂趣，在於這是一種學習的成長。你在寫導論的過程中，必須讓自己成為作者，把作者吞到你的肚子裡，有點像卡通《進擊的巨人》，你要吃掉怪獸，才會成為怪獸。丹尼斯．多納霍說：「閱讀文學的樂趣是喚起一個人的想像，這是走出自我邁向他人生活、邁向其他生活形式、過去、現在與未來。」

從另一個角度來看，這種邁入他人生活的想像過程，其實跟方法演技很像，只是讀者是在他的腦中演戲。寫導論對我來說，有時你得要扮演作者，你得要帶著同情的理解，試著用他的角度說話，雖然這最終也是一種你的詮釋。一篇導讀當然也可以有評論的部分，但是若要區分導讀與評論的差異之處，是導讀要負責帶領讀者進入書的世界，評論是看出作者自己沒有看到或說出來的東西。寫導讀的人可以有的風格，但最終，你要服務大家進入這本書。所以有時候，一些比較難的著作，我會試圖用比較大眾化的開頭，像為《牆：沙特短篇小說》寫的〈何時不再逃避自由，做自己？〉，在文章一開始，我就藉著電影《蝙蝠俠：開戰時刻》的一個片段，來作為對存在主義的解釋。

前陣子我在某本書上看到一句話：「哲學就是奪回時間。」這句話讓我印象很深刻。的確，哲學不是只在探討時間的學問，而是協助我們區分什麼是重要與不重要的智慧。人生有限，你可以做你喜歡的事，但這些事卻不見得是重要的事，重點是，你打混過去的一天，這一天的時間是永遠拿不回來的。《時間之書》就是在談論各種不同狀態的時間，以及時間對我們的影響。我在書寫這篇導論時，關注到一個現象，作者薩弗蘭斯基在試圖協助我們釐清時間概念的同時，卻引入另一個概念——事件。我在〈時間、事件與逍遙〉一文寫道：「事件與時間一樣，是一個奧祕，彼此之間有密切關聯。薩弗蘭斯基在《時間之書》中，經常提到『事件』，每一章都會出現好幾次，但他並沒有特別給予定義或說明。」接著我舉出書中提到的事件有關的幾個句子，然後試圖解釋薩弗蘭斯基在使用「事件」這個語詞時，他可能是在指什麼，雖然作者從來沒有直接解釋。

這種從文本中找到空隙，發現矛盾，然後試圖挖掘這個不能被直接定義的線索，把它當作是解釋整部作品的問題意識（而不是去批判它），可以在〈不再讓你孤單——慰藉的力量〉、〈《我就是夏洛克》紙上演後座談〉、〈一九一三：現代史的麥加芬〉、〈他不重，他是我兄弟：當代藝文機構的任務〉等幾篇文章中，找到我對這個書寫策略的運用。

知名芬蘭邏輯學家與維根斯坦專家辛提卡（Jaakko Hintikka）說，維根斯坦有拼寫困難症，所以他在寫作時，第一段往往是重中之重，他會集中所有力量，試圖在一開始就表達清楚。韓炳哲是韓國人，後來讀研究所才去德國讀哲學。既然是外國人，書寫表達勢必無法如母語一般流暢，寫得精確比較重要。就德國人角度，一個外國人也像是得了拼寫困難症。維根斯坦的例子，給我在詮釋韓炳哲的著作時，有了一個新啟發，我甚至去比對兩本著作的第一段，果然發現有可以接續的部分。

卡夫卡的慰藉

前面提到，本書所集結的文章都還是為專書寫的導讀或導讀，可是文中的相關題材或觀點，可能我早已醞釀許久。千禧年後，有一段時間，我開始在構思寫一本關於鬼魂現象學的書。這本書不是在談論鬼的存在，而是在分析各種無所不在關於鬼的文化現象。這裡面有主觀的情形，比如罵人「你這個死鬼！」，到各種鬼的卡通或電影，或是對鬼故事中對鬼描述在歷史上的變遷等。雖然這本書最後並沒有寫出來，可是當出版社來邀請我為「雞皮疙瘩系列」寫導讀時，之前的思索就派上用場。讀者可以在〈結局只是另一場驚嚇的開始〉這篇文章發現，我並不是用文學的角度在分析作品，而是把鬼當作是對日常生活不滿的一種補償性想像，並說明閱讀鬼故事對青少年的正面意義。

導讀不是你想寫就寫，是得有別人邀請，你才有機會。我被邀請寫最多導讀的，應該是關於卡夫卡。我算了一下，我為卡夫卡相關出版寫的導讀，至少有十本。但在編輯這本書時，考慮到比例的平衡，只挑了其中三篇。我對卡夫卡的喜愛，源自卡夫卡在我年輕時救了我一命。在卡夫卡的小說、日記與書信中，我總能閱讀到對自己存在狀態的精確形容，從而得到心靈的慰藉。高中開始，我與父親的關係非常不好，他對我最喜愛的兩件事，聽音樂與閱讀課外讀物，都抱持反對。兩次大衝突，剛好一次是他發現我買了一台錄音機，他質問我這是誰買的，我很緊張地回答：「是向同學借的……」他馬上很兇地說：「那帶我去找你同學。」然後回房去穿衣服準備出門，我就在這短短幾分鐘，爬牆出門，逃跑了。後續當然很慘烈。

我從小是外婆帶大，並沒有與父親住在一起，不過花蓮很小，他的診所騎摩托車十分鐘內可以到外婆家。有時他也會繞過來看我一下。高一的時候，有一天可能是周末的下午，他突然來找我，打開房門，發現我正在讀一本小說，他質問我為何要讀這些書，我說我功課都做完了，為什麼不能讀。我父親非常生氣，覺得我居然會反駁他，就把書搶過來，摔到地上，說：「不許你讀課外書，你只能讀學校的課本，你要把心完全放在學業上。」後來又發生他發現我交女朋友的事，大概覺得這個兒子不受控，必須嚴加管制，就叫我搬回去跟他住（但其實也只是晚上回去他那邊睡），也才會發生後來他發現我有錄音機的事。

從對卡夫卡的閱讀找到慰藉的經驗，使我在為《生命是一場尋求慰藉的旅程》寫導讀時，留意到書中不論是哲人藝術家或政治家，主要都是透過書寫與閱讀來治療靈魂的傷痛。背後最主要的原因，我認為是：「透過閱讀，我們可以進入他人內在的心靈。書寫是本書大部分主角在尋找慰藉時……都是藉由撰寫書信、詩歌、散文、小說、論文或是對話錄等方式，來面對與命運的和解。這也解釋了，為何作者對歐洲慰藉傳統的深度探索，最終還是以結合哲學與敘事的寫作模式來進行，而非利用圖像或音樂。」這些敘事文學或哲學的書寫，是透過長期的傷痛，所沉澱轉化出來的文字。書寫的過程是緩慢的，意味著讀者也必須透過緩慢的閱讀，才能貼近文字背後的精髓。閱讀是慢速，當我們閱讀的時候，世界會退到身後，整個人會沉浸在書的世界中，遊戲或看影片也會有這樣的效果。不過閱讀文字時，讀者必須運用大量的想像力，來補充字裡行間的空白。

閱讀是對抗加速社會

為了寫您正在讀這篇導論，我照例去圖書館借了一堆談閱讀的書，其中一本名《我們在閱讀時看到了什麼》最為有趣。曼德森（Peter Mendelsund）運用了現象學的方式，剖析當人們在閱讀時，意識到底同時發生了麼事，他強調：「閱讀感覺起來如同意識本身，閱讀就像是意義：不完整，模糊不清，是一種共同創作。」閱讀需要讀者一起出力，而你沒辦法對出力加速，否則就會很快耗盡能量。閱讀的共同創作是一種享受，如同學習是一種享受，享受這個想像力出力的過程。

韓炳哲在他的《透明社會》中，將世界變得透明化的傾向歸因於我們處在一個加速的社會。社會可以加速，科技可以加速，可是我們的身體與意識不能加速。身體的加速，就是面對老化，意識的加速讓人進入瘋狂的狀態。有些事情加速或許不錯，更便捷的交通，更迅速的服務，更快速的網路，可是幸福本身是無法加速，身體體驗的加速是危險的（比如毒品的效果）。不可諱言，加速社會的進程不是我們個人能夠逆轉，我們手邊的各種數位產品，催促著我們的意識不斷在接受我們不需要的資訊。這說明了，在慢速閱讀被加速資訊所取代的同時，我們無意識地發展出一種補償機制，那就是音樂。音樂創造出另一種類似閱讀的空白效果，讓我們以另外一種方式運作我們的想像力。所以我們隨時帶著耳機，比過往更無時不刻在聽著音樂。若沒有音樂打開另一扇窗，我們的大腦將不堪負荷。

真正的閱讀只能是慢速，我們的身體在享受這個閱讀的過程。《小王子》有一個章節，是他碰到一個在賣緩解口渴藥丸的商人，商人宣稱這個藥丸可以節省時間。小王子問商人，那節省下來時間要做什麼呢？商人回答：「你可以做任何你想做的事……」小王子說，如果他有時間可以自由支配，他用會這些時間「不慌不忙地走向一口泉水」。閱讀就是走向心靈泉水的練習。

在為《千面英雄》寫導論時，我發現作者坎伯曾有五年的時間沒有工作，專心讀書，這讓我相當有共鳴。當年我從台大土木系轉到台大哲學系，有一個很大的原因，是我可以擁有全然自由的閱讀時間，讀什麼書都可以（反正什麼事物背後都可以有一套哲學）。這種強大的閱讀飢渴，自然就造就了我多樣性的閱讀清單。大學時候，我住在台大正門對面的巷子裡，一九八〇年代末台灣經濟起飛，加上解嚴，各種思潮出版如潮湧般一波接著一波，小小的居所自然就堆滿了許多書。當房間開始放不下書，當時的解決之道，是如果圖書館可以借得到的，就先上圖書館借。以前圖書查閱沒有電腦，得去翻一張一張的索引卡，或是直接去架上找。這種慢速找書的結果，反而造就了我對書的記憶是建立在身體經驗，而非陳述性記憶。

網路搜尋所運用到的事實記憶並非萬能，它代表你得用語句的方式，把你想要查的東西打出來。可是很多記憶可能是觸覺、嗅覺或身體技能（比如騎腳踏車），無法以語言描述。不論是手機或是電腦，都是去脈絡化的陳述性記憶，意思是你不論在搜尋什麼資料，或是閱讀什麼內容，你都是在使用同一台電腦或手機螢幕在看東西。即使在看不同的書籍內容，你用的電腦或手機並沒有改變，你的觸覺經驗並沒有改變，一樣的螢幕，一樣用手指。可是你閱讀繪本，聖經或是小說時，每本書握手上的方式與感受都不一樣，這個結合身體記憶的閱讀，反而催生更具整體性的記憶，更難被遺忘。

逛圖書館的好處

常跑圖書館有三個好處，第一個是對書的記憶更持久且有效。比如一年前你曾在某個架上翻閱到一本書，即使你已不記得書名，但你依舊知道書大概放在那個位置，身體知道許多大腦不知道的事。可是你一年前查閱的網站，你可能永遠找不到，除非你知道關鍵字。就算你把這些網站連結放進我的最愛，寫上標題，一年後你再看這份清單時，這些檔案名稱對你也很陌生，你得打開好幾個之後，才能找到你要找的原始內容。加速意味著得拋棄一些東西，就像登月火箭加速升空的過程一般。科技可以使材料加速，讓植物的熟成更快，但我們的身體，還停留在三萬年前狩獵採集社會時的身體，這是無法加速，無法被拋棄的事實。科技的加速是一種假象，讓我們誤以為我們的大腦與身體運作也在加速，但其實並沒有。

逛圖書館的第二個好處，是會出現德國藝術史家瓦爾堡（Aby Warburg）所謂的好鄰居法則（The law of the good neighbor），你最需要的書，往往不是原本書架上你要找的那本，而是放在這本書隔壁或附近的另外一本。好鄰居原則並不是延伸閱讀，不是根據大數據或你的偏好。好鄰居原則是建立在這個世界最終是被不確定所統治，我們必須放棄對世界掌控的加速邏輯。意外是好事，意外必然會發生，接受意外，反而會打開人生很多可能性。科技不可能解決這些意外，因為科技發展本身就是建立在科學對意外的發現與接受。雖然這不是我在這篇導論可以回答的問題，但我推薦大家可以試著去找德國社會學家哈爾特穆特·羅莎（Hartmut Rosa）的《不受掌控》（*Unverfügbarkeit*），這本書對當代社會為何必須學習接受意外的不可掌控，有簡單而清晰的說明。

哈爾特穆特·羅莎的名字在薩弗蘭斯基《時間之書》這本書的註腳。讀大學時候，我發現有時註腳比內文更有趣，可以學到更多東西。於是逐漸養成一個習慣，有時看書時，如果書讀不完，我就先看註腳。註腳也是一種阻礙閱讀加速的機制，可是註腳是令人駐足的風景，別有洞天。

對我來說，圖書館借書的最後一個好處，是自己買的書有時會晾在書架一直沒讀，但圖書館有還期，要還書前總是會先閱讀一下。借書的結果，反而會讀到比較多的書。這背後的心理機制，可能是覺得自己買的書反正跑不掉，有時間再讀即可。但是花了時間跑一趟圖書館搬書回家，沒有讀一點好像很可惜。即使如此，我買書的樂趣一樣沒減少，更何況，有許多書圖書館不見得有。有網路之後，買外文書變得更容易，但是我在買書之前，會先查看看我可以借書的大學圖書館是否有收藏，以免重複購買。在準備寫這篇導論時，我在亞馬遜買的新書，是哈爾特穆特・羅莎的《共鳴：論世界關係的社會學》（*Resonance: A Sociology of Our Relationship to the World*）。

在靈光消逝年代找回通感

〈遊蕩在一座名為班雅明的迷宮城市〉是為《機械複製時代的藝術作品：班雅明精選集》寫的導論，我在文章一開始就點出，班雅明從波特萊爾得到靈感，推崇「通感」（correspondances），那是「一種能感應到雜多細節背後有相互連結的能力」。我相信班雅明本身具有的通感，是他的大量閱讀與流亡經驗交會震盪產生的結果。他在〈機械複製時代的藝術作品〉談到的靈光消逝，其實是一種去脈絡化的現象，剝除掉作品被接受時的原初時空特殊性。就閱讀來說，每本書的不同觸感體驗，造成閱讀當下特殊感受的脈絡，在電子複製閱讀的時代，這個身體參與的靈光，變得均質與輕薄化。

均質所代表的普遍化，是特殊性所具有的意外，變得不再重要。如果我們想獲得由通感產生的從細節觀察到萬物連結的能力，就像透過收音機找到想聽的頻道，唯有訓練自己的閱讀能力，才能達到那種短波般敏感。你讀得越多，你看到的事物就越多。經驗會深化閱讀的體驗，而閱讀則能打開體驗的層次。保羅・克利的畫作《新天使》（*Angelus Novus*），是班雅明創作靈感的來源，他可以從這一幅畫看到世界歷史的運作模式。但天使不會隨便出現，除非你願意用心傾聽。

最後請容我再為大家點播一首舞韻合唱團的「There Must Be an Angel (Playing with My Heart)」。

附誌

我必須先感謝本書的編輯林宏濤先生，為這些文章找到一個編輯的架構，他同時也是本書其中兩篇導讀文章的原書譯者（《時間之書》、《曾經，有個偉大的素描畫家：卡夫卡和他的41幅塗鴉》）。林宏濤是我台大哲學系的學長，之前向我邀了好幾本書的導讀與推薦序，直到為了為編輯這本書，兩人才真有機會碰面相遇。另外還有梁燕樵，她是《卡夫卡日記》的編輯（導讀也收錄在此書），她最早向我提出將文章集結出版的構想，督促我把資料整理出來，我非常感謝她。也所有向我邀稿的企畫、編輯、行銷與譯者們致上最高謝意，包括了Baboo、丘光、江灝、何宜珍、李亞男、李宛蓁、余筱嵐、林婕伃、吳宣慧、吳嘉瑄、周佩蓉、韋孟岑、尉遲秀、陳玳妮、莊佩瑤、張貝雯、張晁銘、楊毓馨、劉俊甫、劉憶韶、劉純瑀、駱漢琦、黎家齊、潘乃慧、賴芊曄、蕭秀琴、鴻鴻。

第一部　文學

001 一把刺破冰封內心的文學小刀

如果讀者先迅速翻閱一下《在與世界的對抗中：慢讀卡夫卡》[1]，會發現編者收錄的格言或短篇，有不少是落在一九一七年——因為在這一年九月，卡夫卡確認染上肺結核，這也促使他在年底決定解除剛在七月第二次與菲莉絲（Felice Bauer, 1887-1960）的婚約。在短暫時間內經歷如此大的人生變故，使得卡夫卡開始致力於具有箴言風格的短篇寫作，並記錄在所謂的八開筆記本上頭。

八開筆記本是卡夫卡好友馬克斯．布羅德（Max Brod, 1884-1968）在卡夫卡遺物中發現的八本藍色封面的創作札記，寫作時間大概是始於一九一六年十一月到一九一八年五月。若讀者有機會去布拉格旅遊，通常會去城堡的黃金巷參觀卡夫卡小屋。其實卡夫卡並不是住在此地，這是妹妹奧特拉（Ottilie "Ottla" Kafka, 1892-1943）為了讓他可以

1《在與世界的對抗中：慢讀卡夫卡》（*Lektüre für Minuten. Betrachtungen aus seinem Werk*），闕旭玲譯，商周出版，2015。

專心寫作而租的工作室。卡夫卡於一九一六年十一月起，開始在下班後獨自到這小屋寫作，大約待到八、九點後才返回住所，直到一九一七年四月底——黃金巷小屋開啟了八開筆記本的寫作。

八開筆記本中比較著名的幾個短篇，都收錄在他生前出版的《鄉村醫生》（1919）這本短篇小說集裡，包括〈鄉村醫生〉、〈給科學院的報告〉、〈兄弟謀殺〉與〈在法的門前〉等。所以讀者會發現，編者所挑選的段落大多是出自八開筆記本，另外則挑自一些書信與日記，反而沒有選如《蛻變》、《審判》或《城堡》中的句子。最主要的理由，也是在這些片斷的私人寫作中，卡夫卡展現了他特有的寫作風格與私人情感。

即使大家都對《蛻變》等卡夫卡小說耳熟能詳，但卡夫卡的短篇往往跟長篇有很大不同。比如在短篇中會有很多小動物出現，而在像《美國》（又稱《失蹤者》）、《審判》與《城堡》這些長篇小說中，則更多是低著頭的人物。尤其本書取材還有他與菲莉絲、米蓮娜（Milena Jesenská, 1896-1944）等人的情書，這些情書寫作通常會讓一位男性在女性面前刻意去塑造另一種形象，而有別於日記與小說中的自我剖析。

卡夫卡曾在一九二一年十二月六日的日記裡提到：「隱喻是使我對文學感到絕望的原因。」法國文學評論家羅蘭．巴特（Roland Barthes）則認為，卡夫卡的寫作技巧是一種影射。影射跟隱喻不一樣，隱喻是把新的意義加在舊的對象上，那是一種固定關係——我說你像玫瑰般嬌豔，玫瑰的形象附著在你之上。但卡夫卡的格言寫作有一種矛盾性，打開了各種解讀的有效性。羅蘭．巴特說：「影射是一種純粹的意指技巧，它實際上使整個世界都參與進來。」影射是一種論斷，影射指引你去發現新的事實。當卡夫卡寫下「惡是善的星空」時，他並不是在隱喻，因為隱喻是建立在相似性上，但我們無法在此發現相似性，反而是他做了一個新的論斷，這個論斷需要我們去發現，而且句子本身往往充滿矛盾性，讓我們感到既新鮮又困惑，比如說「宗教跟人一樣都會迷失自己」。

這種充滿矛盾的寫作風格是卡夫卡的文學特色。法國卡夫卡專家瑪爾特．羅貝爾（Marthe Robert）認為卡夫卡是透過一種「是的，但是……」的寫作模式，來調節他的文學與世界的關係。卡夫卡說：「相信會有進步，不代表相信進步真的發生過。所以這是不能相信的。」我把這句話詳解如下：你可以相信會有進步這件事，但是進步不一定真的就會存在，所以這種相信不值得去認真對待。但我的解釋缺少

言的可能性。了玩味的空間，將影射的曖昧空間給破除了，解消了讀者用自己經驗去打開這句格

早在一九三七年，馬克斯．布羅德就曾將八開筆記本的第三冊與第四冊（稱為「G」本與「H」本）中一些片段與格言集結起來，以《對罪惡、苦難、希望和真正道路的思考》（*Betrachtungen über Sünde, Leid, Hoffnung und den wahren Weg*）為題，收錄在當時出版的卡夫卡全集第六冊。後來我在大學時買到的張伯權翻譯的《卡夫卡的寓言與格言》（自華，1987），即了收錄這部箴言錄，但《卡夫卡的寓言與格言》最早可推溯到一九七五年新竹的楓城出版社。到了一九九〇年代末期，書市上已見不到《卡夫卡的寓言與格言》這本小書。二〇〇三年麥田出版社出版了由我編選的《卡夫卡的寓言與格言》，又把《對罪惡、苦難、希望和真正道路的思考》收進來。這大概就是本書出現之前，卡夫卡的箴言錄在台灣的接受狀況。

本書編者彼得．霍夫勒（Peter Höfle）是當代德國知名卡夫卡專家，也是德國出版界龍頭蘇爾坎普出版社（Suhrkamp Verlag）編輯。他近年為蘇爾坎普編選了《卡夫卡讀本》（2008）與《給父親的信》評註版（2008）等都大獲好評。各位手上這本書的最大優點，不但是把《卡夫卡的寓言與格言》與《卡夫卡三重協奏曲》

綜合起來（尤其收錄在後者的〈給父親的信〉），也是一個全面性針對卡夫卡的寫作與人生的精選集。讀者在本書會碰觸到另一個卡夫卡，那個將寫作視為祈禱的卡夫卡，而不是《城堡》或《審判》裡被體制操弄的K。

在二十世紀，卡夫卡的名聲，主要是與存在主義及冷戰氛圍結合在一起。一方面從個人角度，他的作品論及個人對生命的迷惘與存在感受，如《蛻變》；另一方面從時代精神，他的小說《城堡》與《審判》又精確地描述了冷戰之前共產體制底下的荒謬生活狀態。但我最近關心的，是在冷戰已遠、存在消散在手指滑動螢幕動作當中的二十一世紀，卡夫卡是否能引發新的時代共鳴？而我在本書中發現了新的影射。

「我人生中所有的不幸——我沒有要抱怨，我只是把它當作一種一般性的教訓來看——來自於，這麼說吧，信件或寫信的可能性……。」卡夫卡如此強調。這不是有些耳熟能詳嗎？當代人不是就將生活中大多數的時間都放在寫信上嗎？只是當代人寫信不是用過去的紙本郵件，而是各種電子郵件、社交軟體、即時通訊app。當代人對寫信與回信的熱烈心情，彷彿吸血鬼需要鮮血一般，無時不刻掛念著對方是否回信，這跟卡夫卡等待回信的心情是很像的。最關鍵的，不是信件的內容，而是寫信與收信的動作——當代人隨時上網看信與回信，不是因為有什麼重要事需要溝通，而是這個動作本身就是目的。在同一封信件最後，卡夫卡論道：「寫信其實是：將自己暴露在飢腸轆轆的鬼影前。用字寫下的親吻無法到達它該去的地方，只會被那些鬼影在中途攔截並吃掉。豐富的食物讓這些鬼影不斷的巨幅增加……人類繼信件後，又發明了電報、電話、無線電報。那些鬼影子未來依舊餓不著，但我們卻會逝去。」

如果透過當代電子媒介的書寫，成為主流的寫作模式，那我不得不說，本書所呈現擅長短篇與格言的卡夫卡，其寫作風格正好預示了當代人每天面對的微型自傳寫作。卡夫卡簡直就是我們的化身：「我一從辦公室裡解脫出來，就立刻想去從事我渴望的自傳書寫……此結果連我身旁的每個人都能了解和感受到。」我們在臉書上寫下短短的句子，就像卡夫卡在八開筆記本上所做的一樣——而且卡夫卡也貼圖，只是那是他自己畫的（讀者可參閱商周出版於二〇一四年出版的《曾經，有個偉大的素描畫家：卡夫卡和他的41幅塗鴉》）。

但我們與卡夫卡的差別，是他一輩子嚴肅對待這種自傳寫作，他所有的人生問題不論是家庭、婚姻或身體，都是他為寫作付出的代價。什麼叫嚴肅寫作？我覺得卡夫卡下面這兩段話做了最好回答。首先是他認為「一本書必須像一把斧頭能擊破我們心中那片冰封的海」，既然一本書是透過一句句文字的寫作累積，那麼格言與短篇寫作對卡夫卡來說，勢必也像打造一把能刺出一個洞的銳利小刀，需要苦心琢磨。

如何琢磨，最後還是得依賴大量閱讀：「魏爾什（Weltsch）帶了些有關歌德的書給我，這些書激起了我一股混亂且無處發揮的澎湃情緒。計畫要寫篇名為《歌德不同凡響的人物》（*Goethes entsetzliches Wesen*）的文章。」一位偉大作家只能被另一位偉大作家所激勵。

對卡夫卡而言，寫作是一種祈禱，而且是孤獨的祈禱。他不能沒有寫作，更不希望被干擾，彷彿他本身就是寫作的意志。沒有比卡夫卡更純粹的作家了。

002

想像力、心靈劇場與全球化

——談《莎士比亞故事集》為什麼重要

《莎士比亞故事集》[2]是由蘭姆姊弟（Mary & Charles Lamb）合著，最早發行於一八〇七年，幾乎是兩百年前，而蘭姆姊弟活躍的年代，是英國浪漫主義盛行的時候。瑪麗·蘭姆與查爾斯·蘭姆，都是倫敦文學圈的一員，裡面包括了詩人柯立芝（Samuel Taylor Coleridge）與華茲華斯（William Wordsworth）等，他們推崇想像力的力量，將莎士比亞的文學地位提升到新的高度。

「想像力」這個關鍵字，是浪漫主義的核心。這些十九世紀初的英國文學家們，在莎士比亞的劇作裡，看到想像力被發揮得淋漓盡致。各位若翻到蘭姆姊弟合寫的序言，會發現「想像力」這個詞在最後一段出現了，這並非只是單純的意外。

即使在莎士比亞劇作中，作者也經常讓演員直接對觀

2《莎士比亞故事集》（*Tales from Shakespeare*），謝靜雯譯，漫遊者文化，2016。

眾說話，呼籲觀眾使用他們想像力，藉以進入劇作的世界。比如《亨利五世》一開場，致辭者就一再對觀眾說：「那麼，讓我們就憑這麼點渺小的作用，來激發你們龐大的想像力吧……發揮你們的想像力，來彌補我們的貧乏吧……把我們的帝王裝扮得像個樣兒，這也全靠你們的想像幫忙了；憑藉那想像力，把他們搬東搬西，在時間裡飛躍，叫多少年代的事蹟都擠塞在一個時辰裡。」

英國浪漫主義時代，是在莎士比亞逝世的兩百年後，莎劇演出風格已有很大的變化，隨著時間與語言距離，如何回歸真正的莎士比亞，是各種版本的莎劇出版品與評論家們都在爭議的話題。對這些浪漫主義的文學家來說，莎士比亞的偉大之處，在於他的文學性——也就是透過閱讀，才能真正體會莎士比亞之美。

在《莎士比亞故事集》原序的第三段，作者們提到希望只能聽姊姊解說故事集的小朋友年紀稍長後，可以自行去閱讀莎士比亞的劇本，體會莎劇的精妙。這是有點奇怪的，因為當年英國莎劇演出相當盛行，可是這對姊弟卻沒有推薦讀者去看現場演出，反而是鼓勵讀劇本。這就像推薦讀者去看貝多芬的樂譜，而不是去聽貝多芬音樂的現場演奏，背後不免有些蹊蹺。

《莎士比亞故事集》出版四年後，查爾斯．蘭姆寫了一篇非常重要的評論《論莎士比亞的悲劇是否適宜演出》（*On The Tragedies of Shakespeare Considered with Reference to Their Fitness for Stage Representation*, 1811）。文中他強烈主張莎劇不適合由演員呈現，這只會破壞我們對原著的理解。最好的方法是透過想像力，也就是藉著閱讀的方式，讓這些角色在讀者心中演戲，他說：「在閱讀的有利條件下，我們可以進行思索，這是閱讀勝過看戲的地方……舞台演出過於逼真，會讓我感到痛苦與不安，完全破壞了閱讀時給我們的快感……在閱讀時，我們的腦袋裡只有崇高的形象，只有詩意。」當然，查爾斯不只認為莎翁悲劇不適合演出，他在文章結尾強調莎翁喜劇一樣不適合真人扮演，要證明也不是很困難，只因文章篇幅，無須再深入。

這種認為只有心靈劇場（mental Theater）才是欣賞莎劇唯一場所，正是浪漫主義所推崇的觀念。同時代知名作家如柯立芝、拜倫（George Byron）與雪萊（Percy B. Shelley）等，都抱持類似的看法。如果考慮到浪漫主義的影響，就不能把《莎士比亞故事集》只當作是劇本的替代品，也應視其為一場透過文學詮釋的心靈劇場，彷彿蘭姆姊弟是導演，透過文字與各位的想像力，將莎劇再現在各位心中。

我想在這裡舉一個例子，說明浪漫主義的想像力觀念，是如何左右了蘭姆姊弟的改寫。本書的六篇悲劇是由查爾斯改編（《李爾王》、《馬克白》、《羅密歐與茱麗葉》、《雅典的泰門》、《哈姆雷特》與《奧賽羅》），其餘十四篇則是由瑪麗負責。第一篇《暴風雨》結尾，如果讀過原劇本，就知道重點是主角普洛士帕羅（Prospero）放棄法術，向觀眾道別的那一大段獨白。瑪麗卻把焦點放在精靈艾芮兒（Ariel）身上，甚至讓他唱大一段歌（出自原劇第五幕第一場開頭），將普洛士帕羅的部分草草帶過。可見在浪漫主義的影響下，瑪麗更愛那些能刺激人們想像力的超自然力量。而且，瑪麗版本的最後，居然是在艾芮兒的護送下，大夥兒搭的船才平安抵達那不勒斯。這個結局是原劇中缺少的，瑪麗在這裡的暗喻很明顯——唯有在想像力的護送下，現實才能平安著陸。

《莎士比亞故事集》在整個東亞的莎士比亞接受史上，扮演非常關鍵的角色。包括日本、韓國與中國，都是先透過《莎士比亞故事集》的翻譯，才首度接觸到莎士比亞的戲劇世界。日本在還是明治維新的一八七七年，首度翻譯了這本書。到了一九二八年，根據統計，再版次數高達九十七次，可見受歡迎程度。也因如此，早期日本的莎劇演出，主要都是根據《莎士比亞故事集》（這部分更詳細內容，可參考《亞洲劇場期刊》（*Asian Theatre Journal*）在二〇一一年春季號的特別專刊《莎士比亞與亞洲》（*Shakespeare and Asia*）。

中國最早是在一九〇三年，由上海達文社以文言文翻譯《莎士比亞故事集》其中十篇故事並出版，書名為《澥外奇譚》。隔年，商務印書館出版由林紓和魏易合譯的完整文言文譯本，名為《英國詩人吟邊燕語》。第一部完整的莎士比亞劇本翻譯，是一九二一年田漢的白話文版《哈姆雷特》。至於朱生豪或梁實秋的莎劇翻譯，都要到一九三〇年代才開始進行。

二〇一六年是莎士比亞逝世四百周年，不論是透過原作或《莎士比亞故事集》，莎士比亞已成為世界文化的一部分。根據英國文化協會的統計，全世界的小學裡，有五〇％會在課堂上學習到莎士比亞。在這個全球化的時代，莎士比亞、聖經或老子，都是全人類共享的文化遺產，已不能再用地域觀念來限制人們對莎士比亞的接受與詮釋。

莎翁作品的普世性，除了文學價值與人性議題之外，多少也因為在莎士比亞開始密集創作的二十五年間（1589-1614），恰好是英格蘭碰觸全球化的歷史時刻。當時德雷克爵士（Francis Drake）才剛環球一周歸來沒多久（1580），英格蘭大敗西班牙無敵艦隊（1588），莎士比亞見證了英國海上勢力崛起。我們可以在《仲夏夜之夢》（1596）中讀到帕克（Puck）誇耀說：「我可以在四十分鐘內，替地球圍上一圈腰帶。」莎士比亞所屬劇團在倫敦新經營的劇院於一五九九年開幕時，用當時最時髦的流行語取名，命名為「環球劇場」（Globe Theater）。以上種種都暗示了，莎士比亞之所以未被時間淘汰，在於他碰觸到全球化現象中各種複雜的種族（如《奧賽羅》）、國際政治（如《哈姆雷特》）與資本現象（如《威尼斯商人》）。

莎士比亞一直是我們的同時代人。這可能也是為什麼，至今全世界有那麼多各式各樣的莎劇演出，五花八門的詮釋角度或跨文化版本，都能保有一定的有效性與共鳴感——其實莎士比亞早就在對四百年後的我們說話。

因此，我們可以很容易在各種通俗文化中，發現大量莎士比亞的影子，比如說迪士尼卡通《獅子王》是改編自《哈姆雷特》，電影《足球尤物》所本是《第十二夜》。甚至搭著星際大戰的電影熱潮，二〇一四年美國也出了一套《莎翁版星戰三部曲》（*William Shakespeare's Star Wars Trilogy*），以莎士比亞的劇本格式，去重寫星戰故事，還成為熱賣商品，獲得亞馬遜讀者的五顆星評價。

當莎士比亞成為世界文化的通用語時，如何找到一個最簡易入門本，既能領略莎劇精妙，又能享受閱讀樂趣，《莎士比亞故事集》就成了最好的選擇。請隨著蘭姆姊弟的引導，大膽發揮您的想像力吧！

003

召喚自我測量的文學城堡

卡夫卡的《城堡》[3]在某種程度上，已成為一則現代神話，描繪了二十世紀特有的典型經驗——官僚主義。很多人即使沒有讀過《城堡》，也知道這是在講K被召喚到城堡當土地測量員，卻無法進入城堡的故事。

但文學之所為文學，並不在於服務故事而已。《城堡》的內在結構，比我們想像的複雜得多、有趣得多了。我們先從一個問題出發，那就是K到底是誰？當我們這樣問的時候，有一個顯而易見又敷衍的答案——K就是卡夫卡。顯然這樣的答案並不能真正滿足讀者，反而更像是城堡會給K的回答。我們必須回到小說本身，看看這些文字本身，到底提供了什麼關於K的訊息。

當我們試著接近K的時候，一幅可怕的景象在我們面前展開，因為我們越想接近K，我們就離他越遠，各種嗡

3《城堡》（*Das Schloss*），姬健梅譯，漫步文化，2014。

嗡聲開始出現，沒有一種詮釋是能讓人滿意的，只有混亂的訊息。此時，讀者就越像土地測量員本身，被召喚來測量小說的意義，卻發現沒有進入這個名為K的城堡道路。

卡夫卡幾乎沒有提供關於K的具體生平，只有兩次略為提到了他過去。一次是在第二章，講到K的家鄉「那兒的廣場上也有一座教堂，部分被老墓園所圍繞，而墓園又被一道高牆所圍繞……在一個曾經失敗的過好幾次的地方，他嘴裡啣著一面小旗子，一試就爬上了圍牆……當時那種勝利的感覺似乎將在漫長的一生中給他支撐……」這段敘述非常值得玩味，暗示了K與死亡的關係，彷彿他像個幽靈來到村莊，只有他自己不知道自己死了。由於讀者無法確定K的真正存在樣貌，這種陰森虛無，反映在《城堡》中，是出現各種無法分辨的房屋（「那間旅店在外表上跟K所住的那一間十分相似」），人物（例如阿爾圖〔Arthur〕與耶瑞米亞〔Jeremias〕這兩個助手），甚至是名字（索爾蒂尼〔Sordini〕與索爾提尼〔Sortini〕這兩位官員）。

另一次是在十三章，提到「K剛好有一些醫學知識，更重要的，是他有治療病人的經驗，有些事醫生辦不到，他卻做到了。由於他的治療效果，大家一向稱呼他為『苦草藥』。」這裡則讓我們有一種感覺，K是有神祕力量的，好像這是他身為幽靈所附帶的能力。雖然K沒有在村莊裡發揮這種醫療力量，卻在與女性的交往上，展現了出奇的神祕力量，總能在一瞬間將對方誘入一種情色狀態。例如碰到芙麗妲（Frieda）時，K幾乎是毫無理由就在瞬間擄獲了她（「這正是我最祕密的意圖，您應該離開克拉姆，成為我的情人」），兩人隨即在吧檯底下進行魚水之歡。這種略帶笨拙反浪漫的情色，是除了設法進入城堡，小說的另一個重要主軸。

這兩次提及K的過往時，都是由作者（卡夫卡）所敘述，至於K本人在與其他角色對話時，從未提及自己的生平，令人感覺他與城堡一樣神祕。更有趣的一點，是除了作者與讀者外，幾乎沒有人知道他叫K，他也從沒有如此向他人介紹過自己。

只有四個角色在與K對話時，曾用K這個名字稱呼他（其他人物都叫K為「土地測量員」）。此現象頗不尋常，稱呼他為K的四個人——芙麗妲、歐爾佳（Olga）、阿瑪麗亞（Amalia）與蓓比（Pepi）——清一色都是女性，而且都是K所喜歡或有曖昧關係的女人。卡夫卡似乎在藉此表達，唯有愛能召喚出主體，把「土地測量員」變成「K」，愛所帶來的不是盲目，而是新的認識能力。

法國後現代哲學家德勒茲（G. Deleuze）與瓜塔利（F. Guattari）在一九七五年出版的《卡夫卡：為弱勢文學而作》（*Kafka. Pour une littérature mineure*），是當代卡夫卡研究中最具突破性的經典。他們不從一般的詮釋角度出發，針對故事內容，直接解讀作品的意義。而是用各種比較、拆解的分析方式，讓我們看到卡夫卡作品實際上是一種生產意義的文學機器，並描述這些概念機器的運作機制。

以《城堡》來說，德勒茲與瓜塔利發現小說由兩種空間模式所構成，一種是仰角的，也就是向上延伸的，如高度、鐘樓或等級制度；另一種是水平延伸，如走廊、不斷移動的辦公室或分不清楚方向的道路等。我們可以發現，有一種特殊的運動透過這兩種模式展開。當K越是想以第一種模式向城堡接近時，小說就安排他進行水平運動，從旅館、酒店、學校移動到歐爾佳家等。整部小說在現實空間中，是由K的水平運動所構成。另一個值得觀察的現象，是K雖然拚命想接近城堡，但在水平運動的過程中，K所碰到的角色等級，卻離城堡越來越遠，產生一種向下延伸的運動。例如K本來想見主任克拉姆（Klamm），到後面就變成是他的僕役或祕書，甚至是祕書的助理；與他有曖昧關係的女性，也從原本是克拉姆情人的芙麗妲，最後變成替代芙麗妲酒吧工作的蓓比——小說越到後面，K周遭的人物與城堡的關係就越來越遠。

村上春樹於二〇〇六年獲得卡夫卡文學獎，他於布拉格頒獎典禮上致辭時提到：「卡夫卡的作品是如此偉大，它具有某種普世價值。我會很直接將他理解為他是歐洲文化的核心。但在同一時間，我們也分享著他的作品。我十五歲的時候，第一次讀到他的作品《城堡》，當時我不並覺得『這本書是歐洲文化的核心』，我只是覺得『這是我的書，這本書是寫給我的。』」

《城堡》的特殊之處，在目標終極上的不可接近。K越是無法接近城堡，他越與更多人物產生關係，讀者對他與村莊的世界，就有更多的認識。《城堡》的內容不於在城堡本身，而是K的世界。城堡像是康德所謂的物自身，或是拉康的大寫他者，你不能接近它，但它卻成了可被認識世界的構成條件，即使它有可能是空的。K拚命想往城堡這個目標前進，不斷嘗試向上面連絡——小說的內容即是由這個過程中的挫折與奮鬥所組成。城堡本身並不重要，K在村莊的一切才是小說的重點。

如果你跟村上春樹一樣，在讀《城堡》時，能感覺到這是本寫給你的書，那就你就成了被召喚的K，準備進入這座文學城堡。如同前面我提到，閱讀這部小說，會產生一種特殊的運動，當你越想接近它的時候，你就越往後退，退到你自己的生命裡。只有被召喚的人，才能成為K，而成為K的方法很簡單，那就是你必須愛卡夫卡。這種愛沒有理由，彷彿卡夫卡在命令讀者說：「這正是我最祕密的意圖，您應該離開現實，成為我的情人。」

《城堡》同時也是一部猶太教神祕主義教派的卡巴拉（Kabbalah）聖典，它可以產生各種解讀，開啟神祕的訊息與認識能力。正因為這份神祕，一個個文學愛好者，像村上春樹一樣，被召喚到小說面前，開始他們無限期的自我測量過程。

004 何時不再逃避自由，做自己？

電影《蝙蝠俠：開戰時刻》的結尾，被救到頂樓陽台的檢查官瑞秋，感激地問蝙蝠俠：「至少告訴我你是誰？」正準備離開的蝙蝠俠緩緩轉過身，他說：「我在外表底下到底是誰並不重要，我的所作所為才重要。」然後向下一躍，消失在黑暗的城市當中。

在我看來，這段對話很巧妙地說明了什麼是存在主義。我們可以是任何人，因為我們這一生要成為誰這件事，被沒有被預先限定，我們有選擇的自由。主角布魯斯本來不是蝙蝠俠，但是他的所作所為，讓這位弱不禁風的大少爺，成為惡人聞風喪膽的英雄。這世界上原本沒有蝙蝠俠這號人物（本質），但是布魯斯為自己生命負責任的人生選擇（存在），活出了蝙蝠俠這個傳奇。這就是沙特說的：「存在先於本質。」

沙特不僅是一位哲學家，還是一九六四年諾貝爾文學獎得主。可是沙特卻主動拒絕諾貝爾文學獎，不是他否定文學獎或是為了什麼外在的抗議理由，而是全然個人的選擇。沙特覺得自己是一位積極介入社會的作家，如果他做了什麼，那都是他個人的事，但若他今天有一個稱號，那不免也會把賦予他這個稱號的機構也牽扯進來，造成對方的困擾，而這不是他所樂見的情況。沙特在人生的選擇中，真實貫徹了他對自由看法，因為自由只是能是個人的，而構成自由最重要的關鍵，是意識所具有的否定能力。

沙特這部小說集《牆》[4]出版於一九三九年十一月，他最知名的著作《存在與虛無》（*L’être et le néant*）要到一九四三年才出版。在小說出版前的秋天，他寫了一封信給當時擔任《新法蘭西評論》（*La Nouvelle Revue Française*）的主編波朗（Jean Paulhan），他在信中寫道：「五個中短篇小說描繪面對存在出現的各種可能逃避（《牆》描寫死亡；《黑洛斯達特斯》寫非理性行為與罪行；《房間》寫幻想的世界與瘋狂；《一個領袖的童年》寫法律與社會責任），指出每一種逃避都遭受失敗。」換言之，這些小說是沙特對存在的探索，但是這些小說不能被還原成純粹的哲學研究，而是有它們自身的存在價值，特別是在文學技巧上。讀者只消閱讀〈房

4《牆：沙特短篇小說》（*Le Mur*），周桂音譯，商周出版，2022。

間〉（La Chambre）一開始，對達赫貝笞（Darbédat）夫人吃阿拉伯軟糖過程的描述，便會知道，沙特能獲得諾貝爾文學獎，絕對不是浪得虛名。

透過小說，如同當時沙特熱中的現象學，可以讓他透過想像的方式來進入存在的世界，透過對各種不同狀況的描述，研究存在的本質。即使在《存在與虛無》這部充滿各種抽象術語的大部頭著作裡，沙特還是在很多段落裡運用了類似小說的情境描寫，讓許多讀者覺得這部哲學著作有很強的文學感。

我覺得若要貼近沙特在《牆》所展現的文學性，最好的方式就是去讀他在那個創作階段對其他文學作品的評論，因為在批判的同時，往往也會透露出自己的文學觀。沙特《什麼是文學》（*Qu'est-ce que la littérature?* 1947）發表時，他已有強烈的政治立場與完整的哲學架構，而這是《牆》小說集誕生時還不存在的，反倒是一九三九年二月的《莫里亞克與自由》（*François Mauriac et la liberté*），更能協助我們理解《牆》這部小說集所用到的文學技巧。

在這篇刊登在《新法蘭西評論》的文章中，沙特批評了莫里亞克小說中的上帝全知視角（莫里亞克後來獲得一九五二年諾貝爾文學獎），讓讀者無法將角色的時間變成自己的時間。沙特寫道：「你願意賦予你的角色生命嗎？請你給它們自由。

問題不在給情欲下定義，更不在解釋它們……而僅在於展示情欲與不可預料的行為……正是緊迫感賦予藝術品以必然性和殘酷性……真正的小說衝突應該是自由與它本身的衝突。」

我們回頭來看〈牆〉（*Le Mur*）這篇中篇小說，至少就情節來說，讀者很快就知道，關鍵是這一群在牢房的犯人，他們會不會被槍斃。這種面對死亡的緊迫性，不僅反映在情節安排上，沙特透過第一人稱的手法，帶領我們進入主角的內心，他對周遭的反應與感受，從來都不是一致的，而是反覆無常，讓讀者充滿懸念。沙特在《莫里亞克與自由》最後提到：「直到我開始擔心他們最決裂的那一剎那，我仍然感到一切還可以另作安排。這是因為他們是自由的，他們的分離也是他們根據他們自己的自由意志造成的，這才叫小說。」這本書的其他幾篇小說讀起來一樣趣味盎然，充滿緊迫感，讓我們關心主角的命運（最終的選擇），一點都沒有一般對存在主義小說充滿沉悶壓力的刻板印象。

沙特強調小說要能讓讀者忘記自己的現實時間，讓主角的時間成為自己的時間，唯一方法就是要有緊迫性。這種緊迫性其實就是一種懸念，一種戲劇衝突，也是很多通俗小說或電影所共享的基本要素。只是沙特更重視在這種緊迫性對於「什麼是自由」的拷問。選擇的兩難充滿了戲劇張力，凸顯了人的存在狀態，這也說明了為何在小說之外，沙特還寫了不少舞台劇。

最後，我不免要問，在這個時代，閱讀沙特小說的意義為何？此時，我只能用個人經驗回答。在重新閱讀這些小說的過程中，我感受到這世界上的事物有太多細緻的不同層面，就像是沙特對阿拉伯軟糖的描述，豐富了我對存在的感受，這往往是我掛上網路時感受不到。網路的世界，更像是最後一篇小說〈一個領袖的童年〉（*L'enfance d'un chef*）的當代版，讓人落入人云亦云的破碎價值觀，我們越來越不會選擇，我們有的只是別人轉貼別人推薦的選擇。當代世界沒有牆，不是牆不存在，而是螢幕就是一道牆，只是我們忽略了這個基本事實而已。

沙特的小說催促我們思考——我們是否真的擁有自由，還是在逃避存在的責任。

005

不做民粹的戰利品

——《邁向王道》的啟示

諾貝爾文學獎得主葉利內克（Elfriede Jelinek）在劇本《邁向王道》[5]對川普的抨擊，並非一時興起。早在一九九〇年代，她就跟奧地利自由黨黨主席、極右派份子海德爾（Jörg Haider）對著幹。現在回頭來看，海德爾幾乎是奧地利版的川普，穿著體面，有著優越的白人意識，極度排外。葉利內克一直咬著海德爾不放，經常寫文章攻擊他，或是出現在抗議現場。一九九九年十月，自由黨在選舉中過關斬將，與執政黨的人民黨組成聯合政府，連歐盟都不得不介入施壓，最後導致隔年三月他辭去黨主席一職。葉利內克在同一年，寫下以海格爾為主角的劇本《告別》（*Das Lebewohl*），這是一個獨白劇本，裡頭大量援引了希臘悲劇《奧瑞斯提亞》（*Ορέστεια*）。

《邁向王道》也有著類似長篇獨白的散文結構，一樣

5《邁向王道》（*Am Königsweg*），陳佾均，莎妹工作室，2021。

大量引用了希臘悲劇《伊底帕斯王》（*Οἰδίπους Τύραννος*）。

語言問題在奧地利，特別是維也納，向來是文化診斷的核心。從二十世紀初的諷刺作家卡爾．克勞斯（Karl Krauss）、一九三〇年代的維也納語言學派、到葉利內克最敬佩的劇作家托馬斯．伯恩哈特（Thomas Bernhard），都一直保持著對語言的關注。根據另一位知名的奧地利語言學者露西．沃達克（Ruth Wodak）在《歐洲右翼民粹主義話語分析》的研究，極右派的修辭策略，喜歡利用替罪羔羊等簡單的道德語言，來動員群眾。

葉利內克的文學語言是極右派的相反，相較川普的推特話語，她的劇本充滿各種雙關語，喋喋不休，各種互為文本，浮動的主詞，讓人捉摸不定。羅蘭．巴特在一九七九年的《中性》（*Le Neutre*）講座上，對具有中性特徵的語言進行討論，他說：「我說的中性——可以指涉一些密集的強而有力的前所未聞的狀態。『破除聚合關係』（按：即破除二分法）是一場熱情洋溢激情似火的活動。」

《邁向王道》就是一種充滿中性效果的劇本——中性的曖昧不清、拐彎抹角，與極右派的簡單明瞭、訴諸人民，是完全對立的語言策略。

葉利內克喜歡在劇本中大量引用或改寫不同來源的文本，有時可直接辨識，有時需要細讀，但都是一場智識遊戲。以《邁向王道》來說，她在劇本結尾公開提到的資料，還有德國哲學家海德格惡名昭彰的《黑色筆記本》，法國思想家吉哈爾（René Girard）的《暴力與神聖》（*La Violence et le Sacré*），美國人類學家大衛・格雷伯（David Graeber）的《債的歷史》（*Debt: The First 5000 Years*）與佛洛伊德等。這種去心理化的眾聲喧嘩，在葉利內克的文學觀裡，也是充滿政治意味的。她另外一個最具爭議的劇本《城堡劇院》（*Burgtheater*, 1985），所諷刺的對象，是戰前與納粹交好的赫爾比格（Hörbiger）演員家族，他們戰後在維也納依舊高據文化地位。赫爾比格家族在舞台上所擅長的，正是充滿心理寫實的表演風格。因此，葉利內克的劇本，透過各種穿插拼貼的技巧，讓對話失去心理寫實的效果，成為一種純粹的話語，是各種聲音甚至方言的大拼盤，按照她的說法：「我並非要表現有血有肉的人，而是想表達一種爭鳴。」

二〇一六年十一月九日，選舉結果公布川普當選的那一天晚上，葉利內克開始動筆寫《邁向王道》。二〇一七年一月二十日舉行川普就職典禮前，她已完成第一份草稿。如同葉利內克之前的劇本，《邁向王道》充滿了各種詮釋的可能性，而且原著近一百頁，若要全本演完，可能要五個小時，目前唯一完整版本是廣播劇的演出。即使如此，從歐洲到美國，許多導演都接受了這個劇本的挑戰。葉利內克的劇本經常缺乏角色說明及舞台指示，導演得自己決定聲音的來源，說話方式與角色設定。葉利內克不僅在劇本形式上，賦予導演詮釋空間，態度上她也從不干涉，不讓導演成為服務劇作家的戰利品。

德國導演卡斯托夫（Frank Castorf）於一九九四年執導葉利內克的《服務休息站》（*Raststätte*）時，製作了一個長相類似她的大型充氣娃娃。劇作家是首演前幾天到劇院時才發現，但她沒有大發雷霆，而是用她擅長的維也納式反諷回應：「我的身材沒這麼好。」《邁向王道》的劇本一開始，葉利內克暗示獨白者是一位豬小姐樣貌的布偶，而後面文本中有些片段又暗示說話者是她自己。如果偶戲能傳遞誇張的反諷效果，這種風格可追溯到被視為現代戲劇起源的鬧劇《烏布王》（*Ubu Roi*），在這齣充滿髒話的政治偶戲中，對時代的諷刺達到了一個新高峰。

《邁向王道》最有名的演出版本是德國劇作家兼導演李希特（Falk Richter）的製作，並入選二〇一八年的柏林戲劇匯演（Theatertreffen），成為德語界年度最受注目的十大作品。李希特的版本有一個特點，是舞台上充滿巴洛克式的混亂，跟語言本身所具有的複調效果，產生一種共鳴。依據葉利內克專家麥耶（Verena Mayer）

與科貝爾格（Roland Koberg）的研究指出，她的劇本受到十九世紀奧地利喜劇作家內斯特羅伊（Johann Nestroy）的滑稽歌劇風格的影響：「這種戲劇中的人物一概口若懸河，不知疲倦，直到真相大白的時刻。」

暴力不容許另一種聲音。在民主社會，表面上沒有實質的暴力，好像一切可以透過言詞辯論而解釋。但根據露西・沃達克的分析，民粹的暴力依舊透過利用恐懼與替罪羊所創造的媒體大聲公，壓迫了其他話語的生存空間。葉利內克藉由佛洛依德的精神分析，以女權主義視角提醒說，排他的種子往往埋藏在男性缺乏性別意識的自我感覺良好上。她在《邁向王道》最後寫道：「但我不是神最想要的，祂比較想要一個男孩。」

葉利內克的座右銘是「不做任何人的戰利品」。劇場甚至文學都無法成為政治問題的解藥，但至少能學習不要被任何話語俘虜，不做任何單一觀點的戰利品。

006

成為卡夫卡的親人與朋友

「打開日記，就只為了讓我能夠入睡。」

——《卡夫卡日記》（1915.12.25）

馬克斯．布羅德編輯的《卡夫卡日記》[6]最早出版的是英文本，一九四八年由紐約的肖肯出版社（Schocken Books）分成一九一〇到一九一三年與一九一四到一九二三兩冊發行。當時在肖肯出版社擔任編輯的漢娜．鄂蘭，也參與了第二冊的翻譯工作。這個翻譯經驗對漢娜．鄂蘭後來的思想發展，扮演了重要角色。漢娜．鄂蘭於一九五〇年與海德格恢復連繫後，隨即寄了一套《卡夫卡日記》給海德格，我們可以在海德格於一九五〇年六月二十七日的回信中讀到他的致謝。這套日記的德文版要到一九五一年，才由在法蘭克福的費雪出版社（S. Fischer Verlag）以

6《卡夫卡日記》（*Kafka Tagebücher*），姬健梅譯，商周出版，2022。

《日記：1910-1923》（*Tagebücher 1910-1923*）為名發行單行本。

一九二四年六月三日，年僅四十一歲的卡夫卡病逝於維也納郊外的基爾林療養院。一周後，他的喪禮在布拉格的新猶太墓園進行。喪禮過後，卡夫卡的父母邀請布羅德到他們的公寓頂樓，去檢視卡夫卡的遺物。卡夫卡的父親赫爾曼（Hermann）簽署了一份文件，將卡夫卡過世後所有作品的出版，全權授予布羅德處理。布羅德在桌子的抽屜裡，發現了大量的筆記本、信件與殘稿。他還找到兩份沒有註明時間的遺囑，一張用墨水寫，另一張用鉛筆寫，都是署名給他。第一份明確指示必須燒毀他所有的遺稿、包括日記、手稿、信件（不論是自己的或在別人那裡的）、素描等。第二份則寫道：「若有萬一，關於我書寫的一切，我的願望如下——我所書寫的一切當中，僅有以下書籍適用——《判決》、《司爐》、《蛻變》、《在流放地》、《鄉村醫生》與短篇小說《飢餓藝術家》……反之，對於其他一切我所書寫的……所有這些要無例外地被焚毀。我請求你盡可能快地去做。」這兩份遺囑的完整內容，收錄在謬思出版社的《卡夫卡中短篇全集I：沉思、判決、司爐》。

眾所皆知，布羅德違反了卡夫卡的意願，將其遺稿出版。這個作法是否合理，布羅德的回應是：「我之所以能下決定將他的遺稿出版，是來自對過往出版卡夫卡作品的回憶，每次都得絞盡心力，對他強迫勒索，甚至苦苦哀求。但是等到出版之後，他又對我的作法感到釋然，並滿意這些作品的出版。」在卡夫卡的日記中，亦證實了這種狀況：「苦惱多時。終於寫信給馬克斯，說我還無法將其餘幾篇寫成清稿，說我不想勉強自己。因此將不會交出這本書。」（1912.8.7）換言之，卡夫卡自己對作品的高標準要求，使他無法忍受這些文字會出現在世人眼前，但他又對自己作品的出版感到欣喜，這種矛盾心態，大概只有他大學時期就認識的同窗布羅德看得最清楚。布羅德認為，如果卡夫卡真的想銷毀他的遺稿，大可自己完成，或是交代家人執行，何必把任務交給那個他明知不會執行這件事的終身好友。

卡夫卡的日記，精確來說，不能算是純粹的日記本，而是十二本四開的大筆記本。在這些筆記本中，卡夫卡以時間標示的方式，寫下大量的日記內容，但裡面也夾雜了創作草稿、信件、遊記與素描等。一九一一年二月二十一日的日記，就包含了一篇名為〈城市的世界〉的殘稿，而實際上，這篇作品就是《判決》的雛型。布羅德將這些筆記本的內容，作了一些編輯，整理成日記出版，但像原來包含在筆記本的塗鴉，就沒有收錄在布羅德編的《卡夫卡日記》裡。對這些塗鴉有興趣的朋友，可以參閱商周出版社的《曾經，有個偉大的素描畫家：卡夫卡和他的41幅塗鴉》（2014）。一九九〇年費雪出版社發了三冊版的卡夫卡日記評註本（Kritische Ausgabe），便將布羅德編輯與刪改過一些文字做了還原。

卡夫卡的日記書寫，並非是不可公開的私密文字。在一九一一年十二月三十日與一九一二年一月三日的日記中，他都提到打算朗誦其中片段給布羅德聽。他後來甚至將日記送給捷克情人米蓮娜（參見日記：1920.10.15）。既然如此，說這些私密文字對卡夫卡而言，具有某種文學性的展示特質，其實也不為過。卡夫卡的日記與書信後來都出版了，但他有可能預見到這種狀況。在閱讀瑞士畫家史陶博伯恩的書信集後，他在日記裡評論道：「一本書信或回憶錄，不管作者是什麼樣的人……如果我們在閱讀時靜止不動，不用自身的力量將他拉進自己的體內……而是獻上自己——只要不去抵抗，很快就會發生——讓自己被那個陌生人拉走，成為他的親人，那麼當我們闔上書本，重新回復自我，經過這趟神遊與休息，重新認識了自己的本質……」（1911.12.9）卡夫卡自己也讀過別人的日記，他在日記提到：「今天我拿到了《齊克果日記》，一如我的預感，他的情況與我非常類似。儘管有根本上的差異，至少他和我位在世界的同一邊。他像朋友一樣支持了我的想法。」

（1913.8.21）

就卡夫卡的詮釋觀點，對日記的閱讀，是一個讀者獻出自我、成為對方的過程。我們在閱讀這些親密文字時，作者腦中的想法也與我們同步，讀者的大腦被日記的內容所佔據。日記原本設定的讀者，就只有作者自己，所以在這段閱讀過程中，讀者佔據了作者的位置，讀者就是作者。只有卡夫卡的親人與朋友，才有資格閱讀他的日記，但我們也可以倒過來說，閱讀卡夫卡的日記的過程，就是成為他的親人與朋友。

「我對文學不感興趣，我就是文學本身。不然我什麼都不是，也不可能是其他的。」卡夫卡在一九一三年八月二十四日給未婚妻菲莉絲的信中如此寫道。但這不是狂妄，卡夫卡的日記就是對這個文學理想追逐過程的忠實記錄。卡夫卡視自己為文學命運的化身，這不是追求情人時的夸夸其談，而是他對內在自我的真實寫照。他在尚未向菲莉絲坦承之前，就曾先在日記中表白：「有誰來向我證實這件事的真實或可能性，亦即我就只是由於我的文學使命才對其他的事都不感興趣。因此而冷淡無情。」（1912.3.21）我們可以在日記中讀到，他對自己無法專注在寫作時的自我譴責與懊惱，比如說：「我將不容許自己感到疲倦。我要跳進我的小說，就算那會割傷我的臉。」（1910.11.15）「重新開始寫日記是必要的。我不安的腦袋，菲莉絲，辦公室裡的崩潰，身體的情況不允許我寫作，內心卻有寫作的渴望。」（1913.5.2）「沒有寫作，只寫了一頁。」（1914.12.14）「寫作的終結，何時它會再度接納我？」（1915.1.20）等等。

卡夫卡身前幾乎是默默無聞，前面提到他在日記裡描述不願交稿給馬克斯的那本書，是一九一二年十二月出版的《沉思》（*Betrachtung*）。這本書第一年售出二百五十八本，第二年是一百零二本，第三年六十九本，到卡夫卡過世的一九二四年，首刷八百本才全部賣完。可是，透過布羅德的努力，卡夫卡對這個世界的影響，終於符合他視自己為文學代名詞的斷言。

正因為這份使命感，卡夫卡對文學的思考，不單單落在個人是否能成為作家的反省，也擴及到文學的時代使命。對於關注台灣文學發展的讀者，卡夫卡對小國文學的思考，是非常具有啟發的討論。卡夫卡因為猶太劇團演員勒維的啟發，在一九一一年十二月二十五日的日記中，書寫一篇長文，探討了文學、民族與國家的關係：「國家透過本國的文學而得到自豪與支持，猶如一個國家在寫日記……小國的記憶並不等於大國的記憶，因此小國能把現有材料處理得更為徹底，研究文學史的專家雖然比較少，但文學更是整個民族的事，而不是文學史的事……」法國哲學家與精神分析師德勒茲與瓜塔利，就以這篇關於「小文學」（kleine literatur，亦有譯為少數文學、小眾文學或弱勢文學）的日記出發，撰寫了《卡夫卡：為弱勢文學而作》（*Kafka: pour une littérature mineure*, 1975）一書，建構他們的文學批評理論。德勒茲與瓜塔利詮釋卡夫卡的想法：「弱勢文學不是用某種次要語言寫成的文學，而是一個少數族裔在一個主要語言內部締造的文學。」

卡夫卡的日記甚至成為藝術家的靈感來源。當代音樂界最受敬重的匈牙利作曲家庫泰格（György Kurtág），從卡夫卡日記與書信取材，譜成聯篇歌曲《卡夫卡斷章》（*Kafka Fragments*），成為他最常被演出的作品之一。

不論你是卡夫卡粉絲、創作者、文學愛好者，或是靈魂曾經受傷、覺得空虛厭世、感受到自己不受世界的理解，《卡夫卡日記》都能為你帶來慰藉，不再感到孤單。

《我就是夏洛克》[7]這部小說在第一章講了個猶太笑話，我覺得滿好笑的。賣緞帶的業務抱怨紐約某百貨從未跟他訂過緞帶，於是百貨的採購就說：「那就給我一條緞帶，長度從你的鼻尖到老二頂端。」沒想到過了兩個禮拜，這個採購收到一千箱的緞帶，他氣得打電話去大罵：「我只要你的鼻尖到老二頂端的長度，為何送來一千英里的緞帶。」這個業務回答說：「我的老二頂端在波蘭啊！」

割禮是猶太人的重要禮俗，也成為《我就是夏洛克》的關鍵情節。與莎士比亞《威尼斯商人》不同之處，在於那一磅肉的賭注，到了這裡，成了割包皮，一種成為猶太人的象徵。我想霍華·傑可布森（Howard Jacobson）在這部小說一開始，就選了這則猶太笑話，是很有策略性的。一方面點出猶太人從出生就與基督徒的不同之處，另一方

7《我就是夏洛克》（*Shylock is My Name*），章晉唯譯，寂寞出版，2017。

007
《我就是夏洛克》紙上演後座談

面也將身體作為小說的主導動機。所以這則笑話出現沒多久，小說主角斯楚拉維奇（Simon Strulovitch）就說：「所有猶太信仰的男子。共通點就這兩樣：陰莖與笑話。」

每個人都有身體，但猶太人的身體跟別人不一樣，而這點只有猶太人自己知道。就斯楚拉維奇的角度來看，成為猶太人，不見得要跟什麼具體的猶太教內容相關，身體才是一切。但是這個身體創傷，也帶來某種類似精神分析的先天創傷，構成了猶太意識的基礎。我們可以引用夏洛克（Shylock）在本書的發言為證：「他們聲稱恨我們是為了錢，但你問我的話，我覺得生殖器才是問題根源。好幾個世紀以來，他們對我們的想像都無法跟性分開……可以一路追隨到割禮。如果我們能對自己做出那種事，對他們還會手下留情嗎？」所以當足球明星葛列坦（Gratan）想要娶斯楚拉維奇的女兒碧翠絲（Beatrice）時，這位猶太父親所開出的條件很簡單，就是割掉包皮。

傑可布森的第一本著作是與桑德斯（Wilbur Sanders）合著的《莎士比亞的氣度：四個悲劇主角，他們的朋友與家庭》（*Shakespeare's Magnanimity: Four Tragic Heroes, Their Friends and Families*, 1978），但是這本書卻沒有討論《威尼斯商人》，就一位有猶太血統的作者來說，實屬不尋常。二〇一六年三月中，在美國康乃狄克州格林威治市，一場關於《我就是夏洛克》的座談會上，傑可布森倒是大膽分享他遲遲不碰《威尼斯商人》的原因。他說當他十四歲時，老師推薦他讀這個劇本，但是過程中夏洛克的形象讓他覺得不快，尤其他自己是猶太裔，之後在情感上就遠離《威尼斯商人》。但作為莎士比亞學者，傑可布森也強調，在莎士比亞時代，反猶在英國向來不是一個議題，當時英國並沒有太多猶太人。所以反猶對莎士比亞來說反而是抽象的。傑可布森強調，莎士比亞是個心地寬大的人，他不見得會愛猶太人，但也沒有討厭猶太人的理由。莎士比亞真正在意與擅長的，是人性而非歧視。所以後來當出版社要傑可布森改寫《威尼斯商人》時，他重讀了這個十四歲以來就沒碰過的劇本，並發現夏洛克是個偉大的角色，大家都誤讀夏洛克了。

傑可布森在《威尼斯商人》中，讀到一條經常被忽略的故事線，就是夏洛克的女兒潔西卡（Jessica）被誘拐的情節。正是這個傷痛，讓他開始憤恨周邊的基督徒，覺得他們刻意為難他，奪去他的至愛。如果懂得父親的心理，那麼夏洛克不願意展現仁慈，堅持要那一磅肉，也是一種人性的表現。或許這也是本書要取名為《我就是夏洛克》的動機之一，要讓讀者進入主角的內心，去理解他的孤單，他的憤怒與恐懼。傑可布森從人性的角度為夏洛克辯護，多少也讓讀者對猶太人的心靈能有更深入體驗的機會。

人性成為對照身體的另一個主導動機。如果我們要把人性議題更聚焦的話，那就是父親。一開始，斯楚拉維奇和夏洛克在墓地相遇，前者去哀悼母親，後者與長眠的妻子對話。當然，斯楚拉維奇某種程度也是喪妻之人，因為他的妻子已經長年癱瘓在床，無法言語。作為夏洛克的當代對照，斯楚拉維奇將所有的愛投射到女兒身上。但女兒根本不屬他所管，而終將歸另一個男人所有——這是多麼具有精神分析的意味，而且又與身體的議題交涉。既然斯楚拉維奇無法管束女兒的自由戀愛，那至少他可以把對方限制或變成跟他自己一樣，是個猶太人（或者說是割過包皮的男人）。

就改編的角度來看，《我就是夏洛克》與《威尼斯商人》有很多對應的當代詮釋，而且頗具巧思。比如金、銀、鉛箱子的測試橋段，經過傑可布森的妙手，變成保時捷、寶馬與金龜車，而繼承遺產的波西亞（Portia）則成了電視節目《廚房法庭》的當紅主持人波拉貝兒。《威尼斯商人》的每個角色在小說中都有適當的轉化，唯一的差異，是夏洛克在這本小說中，繼續飾演他自己——即使夏洛克也有一個對應的角色，即斯楚拉維奇。

夏洛克經常觀察斯楚拉維奇，看後者如何犯下他以前犯過的錯，並適時阻止或點醒他。斯楚拉維奇則反過來，試圖理解當時夏洛克要那一磅肉的真正目的為何。這兩個人的對話內容，在某種程度上，構成了《我就是夏洛克》的主體。雖然原著情節還在，但對傑可布森來說，更重要的是夏洛克的心。在《威尼斯商人》中，夏洛克的心並沒有被凸顯，而是被各種情節進展所掩蓋。可是在小說中，我們有機會可以進入角色的內心，探索他們的靈魂。

我認為對於夏洛克何以是夏洛克，傑可布森給出了人性化的描述與理由，並藉以擺脫他十四歲時在劇本中所感受到尷尬形像。在小說最後，夏洛克變得正義凜然，他跳出來勸誡斯楚拉維奇強調說：「仁慈是逼不得的……仁慈不是一來一往的交易，而是本於一顆仁慈之心，純粹地付出。」這段精彩的獨白，是改寫自《威尼斯商人》最後一幕由波西亞所喬裝的律師的經典台詞。傑可布森在此做了大逆轉，讓夏洛克變成正義的化身，改變了一般讀者對他尖酸刻薄的刻板印象，成功化解了作者自己年少時閱讀的不快經驗。我感覺到，傑可布森甚至將自己的靈魂灌入夏洛克這個角色當中。

傑可布森曾說：「我不是傳統意義的猶太人。我不上猶太教堂。我覺得我擁有的，是一顆猶太人的心，我有著猶太人的智慧。我覺得我跟過往的猶太人心靈之間有著密切聯結。我不知道這樣的說法會招誰惹誰。猶太人是由五千年的經驗所構成，這些經驗形塑了猶太人特有的幽默感、無恥與頑強。喜劇是我作品中非常重要的部分。」

如果傑可布森對猶太人的定義是來自心靈，小說結尾則是對這種觀點的進一步肯定——夏洛克沒能阻止斯楚拉維奇對德安東（D'Anton）割包皮的要求，但結果卻是醫生的來信，表示德安東小時候包皮就被割過了——不是因為他是猶太人，而是源於炎熱地區常見的手術。所以，身體不能決定誰是猶太人，心才是。

《我就是夏洛克》的結局是純然喜劇，出乎意料的。如果你喜歡這部小說，你也可以成為夏洛克。

008

文學作為一道反抗災難的陽光

「我耐心地等待著一場緩緩而來的災難。」

——《卡繆札記》

二戰時期，法國被納粹佔領，他們的軍服是褐色，所以法國人稱納粹為褐色瘟疫（la peste brune）。當小說《瘟疫》[8]於一九四七年六月出版，戰爭才剛結束不到三年，大眾很容易將書中提到的瘟疫解讀成是納粹主義，而卡繆也不否認這一點。只是在一九五五年，正在崛起的評論家羅蘭・巴特（Roland Barthes）發表一篇名為〈《瘟疫》：一部傳染病史冊還是孤獨之小說〉（La Peste, annales d'une épidémie ou roman de la solitude?）的書評，批評《瘟疫》作為一種抵抗納粹的象徵作品，缺乏足夠的歷史化脈絡時，卡繆則回應：「對《瘟疫》的解讀應該是多樣的。」

8《瘟疫》（*La Peste*），陳素麗譯，商周出版，2021。

二〇二〇年適逢卡繆逝世六十周年，本來就有不少紀念活動與書籍出版，恰巧碰到新冠肺炎的肆虐，一下子人們對《瘟疫》的興趣又高漲了起來。不少讀者都意識到這部小說中的諸多情節，幾乎是對當下疫情狀態的一種預言。像《紐約時報》、英國國家廣播電台等重要媒體都有專文，探討如何解讀《瘟疫》與新冠肺炎的關係。被稱為法國CNN的法蘭西二十四台（France 24），也於二〇二〇年的十二月二十二日播出一個關於卡繆的特別節目，邀請書店經營者、評論家等，一同討論卡繆再度熱銷的現象，以及如何在這個時代重讀《瘟疫》。

《瘟疫》述說了歐蘭（Oran）這座城市在發生瘟疫的近一年間所發生的故事。歐蘭是真實存在的地點，它是阿爾及利亞的第二大城，面向地中海。卡繆成長於首都阿爾及爾（Alger），但是一九四一年到四二年前半的大部分時光，他都居住在歐蘭。一九四一年七月，阿爾及利亞爆發大規模傷寒傳染病，同年十月，卡繆始閱讀瘟疫的相關歷史與文學資料，包括英國小說家笛福（Daniel de Foe）的《大瘟疫紀事》，而《瘟疫》最開頭引用的那段話，就是出自笛福。我們可以在《卡繆札記》裡發現相關線索，比如一九四一年一月的札記裡，當時已住在歐蘭的卡繆提到：「小老頭從陽台上把報紙撕碎，丟下去吸引貓兒的注意。然後他朝他們吐痰。要是吐中了，他便笑了起來。」這段情節也在本書中出現好幾次。

從虛無主義轉向人道主義

我們可以把鏡頭拉遠一點，小說《異鄉人》完成於一九四〇年，哲學論文《薛西弗斯的神話》則是一九四一年。這兩部作品代表了卡繆的荒謬主義階段。《瘟疫》則是他從一切偶然皆無意義的虛無主義出發，轉向充滿道德感的人道主義，而小說所搭配的論述，是一九五一年出版的《反抗者》。

小說主角李爾醫生即是這種具有人道主義的人格者。李爾不相信上帝，無法解釋為何瘟疫會降臨這個世界，雖然經常感覺到孤單與疲憊，他依舊堅持每天工作二十小時，對他人充滿包容。小說中經常被評論者提到的一個高潮場面，是神父潘尼魯在佈道大會上強調，瘟疫的出現背後有著上帝意旨。可是當神父與醫生在面對一位小孩因瘟疫而死亡的痛苦場面後，李爾說：「我對愛有不同看法。我到死都絕不會接受這個連孩子都要折磨的創世主及其世界。」

北非貧民區的成長背景

我們應當留意卡繆的阿爾及利亞背景，作為一位法國殖民者的後代，從小生長在貧民區的卡繆讚嘆北非的陽光與海洋，強烈的身體存在感，讓他懂得愛當下這個世界。年輕時的隨筆集《反與正》（1937）於一九五八年再版時，剛獲得諾貝爾文學獎的卡繆於再版前言寫道：「每個藝術家都在自己內在保存某種獨一無二的泉源……在那個我曾經長久生活過的貧困與陽光並存的養分裡。」

阿爾及利亞的緯度與台灣相當，都處在北回歸線上，而且阿爾及爾與歐蘭都靠海。卡繆所訴諸的道德感，是來自他所謂的地中海精神，這種精神與寒冷歐洲的思辨精神不一樣，充滿了身體的直覺與自信，也反映在卡繆對足球與游泳的喜愛上（同樣也滲入《瘟疫》當中）。他在《反抗者》最後一章〈地中海思想〉（La pensée de midi）強調：「歷史的專制主義儘管節節取勝，卻始終不斷地遇到人類本性不可征服的要求，而地中海保存著它們的祕密，在那裡，熾熱的陽光伴隨著智慧。」

當我開始重讀這部大學畢業之後就沒再讀過的小說。才開始沒幾頁，我就有一個強烈的感受，覺得書中對歐蘭的描述好像也可適用於台灣，畢竟我們也被殖民過，有著類似的大海與陽光，如同小說一開始提到：「我們的市民工作勤奮，但都是為了賺大錢……而我們這個坦率、和善且充滿活力的民眾，總是讓旅行者對我們留下不錯的印象。」

《瘟疫》採取某種報導文學的形式，呈現了不同人物對瘟疫與封城的看法，這位敘述者強調內容都出自他的調查，而他的真實身分則是要到小說最後才會揭曉。紀實報導的風格，脫離不了卡繆於一九三八年起擔任《阿爾及爾共和報》的記者，以及一九四三年底起加入抵抗運動地下刊物《戰鬥報》的經歷。卡繆總是喜歡將真實經驗融入小說中，比如他母親的堅毅形象就深深烙印在對主角李爾的母親的描述上。

如果說《瘟疫》與當下全球疫情有何不同？那就是網路的存在，使得原本小說中因封城所產生的疏離感，以及疫情威脅下對親情與友誼的渴望，都被大量媒體訊息與各種新開發的社交軟體所沖淡。死亡變成無關緊要的新聞數字，「so close, far away」。我們在現實已看不到真實，一切都是破碎的，這時候只能靠閱讀小說，發現對真實的深刻理解。

不論是瘟疫或納粹，都是能造成大規模死亡的無差別力量。《瘟疫》作為一部經典，在於可以隨著時代變化而有新的解讀。《瘟疫》描繪因災難所造成的大規模孤立狀態，在未來有可能以生態危機或是恐怖主義的形式再度造訪，而那時，讀者依舊能從中找回反抗的力量。

009

不再讓你孤單

——慰藉的力量

「安慰是有形的（physical），慰藉是抽象的（propositional）。」葉禮廷（Michael Ignatieff）在《生命是一場尋求慰藉的旅程：身處黑暗逆境的哲人們，與挫敗、失去和死亡的奮戰》[9]的前言如此寫道。我對這段話感到非常好奇，不論是出版後接受媒體訪談，或是在這本書的結論，葉禮廷都強調：「最後能安慰我們的不是信條，而是人。」表面上看起來，抽象與人似乎是互相矛盾的。要如何解釋這個衝突呢？

安慰可以是一個擁抱，但慰藉要面對的，往往是無法排除的空洞感，任何隻字片語都無法產生效果。本書主角們所面對的傷痛，不論是無法被世人理解的苦悶、失敗挫折、痛失至親、政治壓迫、甚至是時代的災難（瘟疫與大屠殺），在這些黑暗的時刻，這些人的生命完全被虛無所籠

9《生命是一場尋求慰藉的旅程》（*On Consolation: Finding Solace in Dark Times*），謝佩妏譯，商周出版，2022。

罩，備感孤單。而這種孤單，即使到了今日，也不見得能被藥物治療。葉禮廷在前言的最後強調：「從中我可以學到什麼能在這個黑暗的年代中派上用場？很簡單，答案是：我們從不孤單，從來就不。」

我發現「孤單」這個詞散見全書各處，經常來形容主角們的存在狀態。不論他們是作家、藝術家、哲人、學者、宗教家或政治，當他們遭受痛苦折磨，失去存在意義時，往往也是身陷孤單的悲傷時刻。這不就是處在黑暗當中的狀態嗎？什麼都看不見，伸手不見五指，只能感受到自己的痛苦，不知道何時才能見到光明。只有慰藉能解消這種綿綿無期的無力感，而不是一時的安慰。慰藉就像是在暗夜中點燃的一根心靈蠟燭，可以讓人們對希望的來臨繼續抱持信心。這就說明了，慰藉還不是希望本身——畢竟，擁有希望的人就不需要慰藉了。

慰藉為何能抵抗孤單呢？第一種可能性，是我們意識到有人與我們處在同樣狀態。這種狀態可以是我們藉由閱讀或觀賞這些人的作品，理解到「我們從不孤單，永遠有人經歷過同樣的事，能與我們分享他的經驗。但願那些經驗對你來說跟我一樣帶來了慰藉。」但也有可能像桑德斯的安寧療護運動，我們主動去接觸那些同樣需要慰藉的人，讓彼此產生共鳴。至此我們才能了解，為何本書的書寫動機，是來自作者在荷蘭參加合唱音樂節，聆聽詩篇歌曲的經驗，他說：「我卻從文字、音樂，還有觀眾感動的眼淚中得到了慰藉。」

第二種可能性，是感受到在黑暗的那一端，依舊有能傾聽我們的對象存在。按照書中所述，那個對象可以是上帝、聽眾或是讀者（甚至是未來的讀者）。即便當下我是孤單一人，但我知道終究我不是孤單的。我感受到有人能理解與見證我存在價值的可能性，即使當下我沒有收到任何回應，但是慰藉還是發生了，相信彌賽亞有一天終究會現身。

不論如何，慰藉主要還是透過語言，是一種命題（proposition），一種聲音。語言可以描繪人的一生，透過閱讀，我們可以進入他人內在的心靈。書寫是本書大部分主角在尋找慰藉時，經常採取的手段，比如保羅、西賽羅、奧里略、波愛修斯、但丁、蒙田、休姆、孔多塞、林肯、馬克思、卡繆、阿赫瑪托娃、李維與哈維爾等，都是藉由撰寫書信、詩歌、散文、小說、論文或是對話錄等方式，來面對與命運的和解。這也解釋了，為何作者對歐洲慰藉傳統的深度探索，最終還是以結合哲學與敘事的寫作模式來進行，而非利用圖像或音樂。

「安慰是有形的，慰藉是抽象的，」葉禮廷接著解釋：「慰藉是對生命為何如此，而我們又為什麼必須繼續的一套論述。」只是這套論述，不是抽象的思辨，而是展示追求慰藉人物的一生（這也意味著，虛構的故事角色一樣可以慰藉我們，就像某些小說、電影、劇場甚至漫畫一樣）。於是，結論這段話就能接得起來了，「最後能安慰我們的不是信條，而是人。是他們的榜樣、獨特、勇氣與堅毅，以及在我們最需要時，陪伴在我們身邊。」

需要慰藉的朋友們，你們不能沒有這本書的陪伴。

010
結局只是另一場驚嚇的開始

不知道大家還記不記得，小時候玩遊戲，比如捉迷藏等等，都會有一個人要當鬼。鬼在這個遊戲中很重要，沒有鬼來捉人，遊戲就不好玩。這些遊戲的關鍵特色，不是人要去消滅鬼，而是要去享受人被鬼追的刺激樂趣。所以當鬼捉到人後，不是遊戲就結束，而是下一個人要去當鬼。於是，當鬼反而是件苦差事，因為捉人沒有樂趣，恨不得趕快找人來替代。所以遊戲不能沒有鬼，不然這個遊戲就不好玩了。

在史坦恩（R. L. Stine）的「雞皮疙瘩系列」[10]中，這些鬼所扮演的角色也是類似遊戲中的鬼，給我帶來閱讀與想像的刺激。各位讀者如果留意一下，會發現在他的小說中，都有一個類似的現象，就是結局往往不是一個對抗式的終局，一種善惡誓不兩立，以消滅魔鬼為最終目標的故

10《雞皮疙瘩》系列由商周出版發行。

事——這比較是屬於成人恐怖片的模式，不是你死，就是人類全部變殭屍。但「雞皮疙瘩系列」中，你的雞皮疙瘩起來了，可是結尾的時候，鬼並不是死了，而是類似遊戲一樣，這些鬼換了另一種角色，而且有下一場遊戲又要繼續開始的感覺。礙於閱讀的樂趣，我無法在此對故事結局說太多，但各位看完小說時，可以再回想我在這裡說，就知道，「雞皮疙瘩」系列跟遊戲之間，的確有類似性。

換另一個角度來看，這些主角大多為青少年，他們在生活中碰到的問題，如搬家面對新環境、男生女生的尷尬期、霸凌、友誼等，都在故事過程一一碰觸。「雞皮疙瘩系列」令人愛不釋手的原因，也在於表面上好像主角是鬼，但讀到一半，你會感覺到，故事的重點不知不覺地從這些鬼怪轉移到那些被追的青少年身上，鬼可不可怕不是重點，重點是被追的過程中，一些青少年生活中的苦悶，也被突顯放大，甚至在故事中被解決了。所以你會在某種程度感受到，這本書的內容是在講你，在講你的生活，在講你的世界，鬼的出現，只是把這些青春期的事件給激化了。

另一個有趣的現象，是從日常生活轉入魔幻世界的關鍵點，往往發生在父母不在身邊，然後主角闖入不熟識的空間的時候——比如《魔血》是主角暫住到姑媽家，《吸血鬼的鬼氣》是闖入地下室的祕道，《我的新家是鬼屋》是新家的詭異房間……等等。因為誤闖這些空間，奇怪的靈異事件開始打斷平凡無趣的日常軌道，一段冒險展開了，一場你追我跑的遊戲開始進行，而父母們往往對此毫無所悉，不知道自己的兒女在故事結束時，已經有所變化，變得更負責任，更勇敢。

「雞皮疙瘩系列」的意義，也在這個地方。在平凡無奇的充滿壓力的青春期校園生活中，有那麼多不快樂，有那麼多鬼怪現象在生活中困擾著我們，但這無法跟家長說，因為他們不能理解，他們看不到我們看到的。但透過閱讀，透過想像力所引發的鬼捉人遊戲，這些不滿被發洩，這些被學校所壓抑的精力被釋放了。幸好有這些鬼的陪伴，日子不再那麼無聊，世界可以靠自己的力量改變。

終究，在青少年的世界裡，鬼並不是那麼可怕，在史坦恩的小說中，也往往會有主角最後拯救了這些鬼的情形，彷彿他們不是惡鬼，而比較像誤闖人類世界的外星人……這也是青少年的焦慮，他們正準備降臨成人世界，這件事讓他們起了雞皮疙瘩！

011

想像力的證詞

——班維爾、卡夫卡與納博科夫

愛爾蘭文學家約翰・班維爾（John Banville）曾在一次訪談裡提到：「弗瑞迪最後終於了解到，他會犯下謀殺的罪行（crime），是因為他極端缺乏想像力，而那是他的罪（sin）。」為什麼他會缺乏想像呢？難道是因為弗瑞德瑞克（Frederick Montgomery）是一名科學家嗎？我認為這只是表面的解答，事實剛好相反，他的缺乏想像力，是因為他原本是一頭野獸，某種非人的存在。小說《證詞》（*The Book of Evidence*）[11]這份報告的出現，恰好是他發揮極端想像力的結果，讓他最後可以用人的方式，救贖了自己與他的受害者約瑟芬・貝爾（Josephine Bell）。

11《證詞》（*The Book of Evidence*），陸劍譯，書林出版有限公司，2011。

卡夫卡的影響

卡夫卡對班維爾有相當大的影響，一九六〇年代末期，班維爾開始在愛爾蘭文化雜誌《Hibernia》寫書評時，就曾論述過卡夫卡。一九九〇年，他於《愛爾蘭時報》發表的一篇文章中，強調卡夫卡的作品「缺乏一致與完整性……作品寬度已經消失，而貝克特是早指出此點的人之一，唯一留給我們的是深度。所以我們必須往下挖，跟著卡夫卡到地穴裡，離開外在的大世界，進入我們內在黑暗的地底世界。」

當然，我們也可以在《證詞》中讀到卡夫卡的《審判》——在小說靠近結尾時，弗瑞迪終於坦承：「我像一條狗那樣對待她。」這句話幾乎無法不讓我們聯想到《審判》結尾K被殺的遭遇——卡夫卡在小說最後寫道：「像條狗！彷彿他的恥辱將留在人間。」（當然，細心的讀者一定又會發現《證詞》結尾最後兩個字正是「恥辱」。）

不過對我來說，《證詞》更接近卡夫卡的短篇《給某科學院的報告》（*Ein Bericht*

für eine Akademie）。在這篇小說中，主角紅彼得以第一人稱的方式，向科學院的學者們（也就是讀者），報告它是如何從猿猴變成人的。如果我們往下挖，我們也能發現《證詞》是《給某科學院的報告》的變形，而我要從中挖出的，是弗瑞迪內心的那條野獸，這才能證明缺乏想像力是它的原罪。

給某法庭的報告

「我像隻珍稀動物般被關在籠子裡，就像他們以為我這個種族已經滅絕，而我恰恰是唯一的僅存者。也許，他們應該放人進來參觀我這個食人魔，看我在籠子裡徘徊……」這是《證詞》一開始真正的第一段話（扣除「法官大人，如果你允許我向陪審團陳述的話，以下就是我想說的內容」的客套開場）。

很明顯，弗瑞迪一開始邁入讀者腦中的形象，就是一隻在牢籠來回徘徊不安的動物。接下來他又開始解說在監獄的生活，強調「我們已經不是真正意義下的人」。

除了自白內心感受之外，班維爾用各種方式在字裡行間建構弗瑞迪的野獸形像。例如當弗瑞迪回到愛爾蘭的老家後的當晚，他做了一個夢：「我夢到：自己正在啃噬自某種動物身上撕裂下來的胸骨肉，也許就是人類的肉。」如果說這段話透露了他在潛意識黑暗世界的真實欲望。那麼接下來沒幾頁，弗瑞迪提到「我的腳在身後地板上留下長有蹼似的濕腳印。」則更令人膽顫心驚，因為主角幾乎是在外在世界中露出他猙獰野獸般的痕跡。

班維爾沒有放過這個蹼的意象，在弗瑞迪做完夢、踏出濕腳印沒多久，他跟母親吵了起來，他形容他們兩人是「巨大癲狂的原始生物——類似乳齒象這類的動物，在佈滿草屑、藤蔓的原始森林裡，互相撕扯扭打」。弗瑞迪作為一頭原始動物，不僅是一種個人的心理變態，而是有著生物遺傳的必然性。

在第一部結尾，當弗瑞迪殺被他押到車上的女僕約瑟芬之後，班維爾乾脆讓他自白說：「我真不是個人！」

現代性孕育的都會野獸

在班維爾筆下，《證詞》中所有的人物，都是現代性（modernity）的受害者，他們體現著現代社會中人與人之間疏離的痛苦，唯有透過酗酒或暴力，才能驅除這份焦慮。

在小說中，一開始借錢給弗瑞迪的美國人藍道夫被西班牙黑道割掉耳朵（班維爾開玩笑地讓他跟梵谷自畫像相提並論），受到威脅的弗瑞迪，不得不拋下妻子離開地中海度假小島，回到愛爾蘭籌錢。

只要我們願意細讀，我們會發現在弗瑞迪的眼中，這些他者都是野獸。例如在形容白水莊主人貝倫斯時（弗瑞迪後來偷了他的畫，卻因被女僕發現而導致女僕被謀殺），弗瑞迪說：「貝倫斯在切割一塊血淋淋的肉，那雙大手吸引了我的注意力，我確信他以前殺過人。」這段話出現在弗瑞迪做了啃食人肉的夢不多久，我們很難不將前段描述與後者相聯繫。

到了小說第二部的逃亡階段，有一天他跑到鎮上酒吧喝酒，發現一名類似得肺結核的年輕男子。毫無緣由地，他尾隨這名男子走到街上，他說這名男子「像是受了傷的瘋狂動物……我覺得這是一種兄弟般的敬重……現在對我來說，現在走到他面前，將我的手放在瘦弱的肩膀上，說聲：『親愛的朋友，我的受難同伴！』這無疑是世界上最簡單最自然的事了。」有一句話不是這麼說嗎，只有狐狸認得出狐狸。

接著他隨即跟丟了這名男子，但緊接著前面這段文字，弗瑞迪說他「立刻找個替代者，一個高個子的胖妞，肩膀肥厚，虎背熊腰，桶狀的粗腿下面伸出兩隻細瘦的腳，就像豬的前蹄……我突然被一群笨拙的女孩子包圍住了，用我母親的話來說，她們就是愚蠢的野蠻人……讓我感覺像突然受到一群糾纏不休的巨型野鳥攻擊……」這之後還有許多描述，不必我在這邊剝奪讀者發現的侏儸紀公園樂趣。

至高虛構

《劍橋愛爾蘭文學史》（*The Cambridge History of Irish Literature*）認為：「想像與差異的再現，構成班維爾第二部三部曲的核心，它們分別是《證詞》、《鬼魂》（*Ghosts*, 1993）、《雅典娜》（*Athena*, 1995）。在這幾部小說中，焦點轉移到藝術，尤其繪畫上頭，故事線不是在處理想像力的構成作用，而是想像力面臨創造失敗所產生的失序上。」

想像力的失敗，使得弗瑞迪犯下罪行，所以他在最後懺悔說：「我覺得，這是件最惡劣最本質的罪行，這種罪行絲毫沒有原諒寬恕的餘地：我從未將她的存在生動鮮明化，我從未充分意識到她的真實存在，從未想像過她也是活生生有血有肉的人類。是的，這種想像的失敗是我真正的罪行，這種想像是讓他人具有得以存在的可能性。」

即使弗瑞迪坦承自己缺乏想像力，但我們不得不說，這部《證詞》卻是他至高虛構的發揮。如同《給某科學院的報告》，弗瑞迪最後還是變成了人，他的想像力讓他創作了這部作品。（弗瑞迪在結尾最後一句話是：「一切都是真的，一切都是假的。只有恥辱。」）

很明顯，這部證詞文辭華麗，處處充滿巧妙比喻，而且弗瑞迪對周遭細節的觀察與描述，顯現了他高度的敏感力，這都與他陳缺乏想像自相矛盾；甚至在最後，他在監獄中自修成為十七世紀荷蘭繪畫的專家。弗瑞迪對文學技巧與藝術史的努力，如同他自己懺悔的：「難道我必須從頭開始對她進行一番想像，從嬰兒時期開始？我感到困惑，卻沒有一絲恐懼，心中卻有什麼東西在慢慢升騰，我感到異樣的興奮，似乎獲得了生活的重量與質感，在感到歡呼雀躍的同時又感到驚人的莊重肅穆，我身上的巨大可能性。我是為兩個人而活著。」

於是弗瑞迪終於能脫離他的原罪，擺脫他內在的野獸，因為他完成了這部《證詞》，他畢竟還是以人的存在狀態對評審團說話。因為這種至高虛構的想像力，正是人有別於禽獸之處。

納博科夫與工人的證詞

不過還有一個重點不得不提，是俄裔美籍作家納博科夫（Vladimir Nabokov）的《羅莉塔》（*Lolita*）。稍有閱讀經驗的讀者，也會感受到《證詞》與《羅莉塔》之間的類近——不論是第一人稱殺人犯的自白、文字技巧或小說結構來說，這兩部作品都共享不少雷同之處。

如同《羅莉塔》的縝密交織，《證詞》的精心佈局，值得讀者玩味再三。像引誘弗瑞迪犯下偷竊的畫作《戴手套女人的肖像》，早在前面已有暗示，例如他剛回母親家，在碰他們養的馬時，他忽然覺得像是被電到，然後說：「突然間，我鮮明地對自己感到反胃，不是看到釘在牆壁上那幅畫中女人的感覺。」甚至連謀殺的女僕細節，在慘案發生前，班維爾就陸續用各種描述誘導著讀者的潛意識，甚至有些暴力動作還以分解的方式，散布在事件發生前的各段落裡。

如同卡夫卡，納博科夫對班維爾的影響是另一個值得提醒讀者的重點，他的幾部小說也經常被拿來與後者的作品相比較。愛爾蘭學者約翰・肯尼（John Kenny）於二〇〇九出版的《班維爾》（*John Banville*）一書中，便舉例：「（班維爾）小說《夜卵》（*Nightspawn*）的棋局結構設計與隱喻，讓人聯想起納博科夫於一九六四年翻譯出版的俄文小說《棋王》（*Defence*）。小說《白樺林》（*Birchwood*）中的角色阿達（Ada）與時間、回憶與家庭的主題，則回響著納博科夫的《阿達》（*Ada or Ardor*）（1964）。」班維爾對納博科夫的熟稔，由他操刀後者早期小說《黑暗中的笑聲》（*Laughter in the Dark*）的新譯版導論（2006），即可見一斑。

《證詞》不但獲得一九八九年愛爾蘭皮特航空最佳圖書獎（Guinness Peat Aviation Book Award），並入圍同度年英國布克獎最後決選名單，其義大利譯本還獲得晏尼歐・佛拉諾獎（Premio Ennio Flaiano）。即使獲獎無數，班維爾卻最喜歡說這本書是非常大眾化小說（我想其潛台詞是《證詞》也可以像《羅莉塔》一樣普及，後者在一九五八年出版後的二十年間，於美國賣了一千四百萬本），並經常利用各種場合，提到當年《證詞》進入布克獎決選名單時所發生的一件軼事。

有一天他從都柏林寓所步行前往車站的路上，有個工人騎著腳踏車經過他身邊時，忽然將車子往他身邊傾斜，對著班維爾喊：「真是他媽的一本好書！」（Great f***ing book!）

細讀班維爾

班維爾非常推崇目前在紐約大學教書的愛爾蘭籍文學評論家丹尼斯・多納霍（Denis Donoghue），尤其是後者所支持的細讀（close reading）。丹尼斯・多納霍在他的得獎名著《閱讀的實踐》（*The Practice of Reading*）裡說：「閱讀文學的樂趣是喚起一個人的想像，這是走出自我邁向他人生活、邁向其他生活形式、過去、現在與未來。」

文學使我們免於野蠻的原罪，而想像力則是最後的證詞。

012

當劇場白光驅走人生昏暗

——評《我們人生的最初》

俄國大師級劇場導演多金（Lev Dodin）在執導契訶夫時，會花相當長的時間與演員一起分析劇本。畢竟契訶夫是寫短篇小說與幽默小品起家，他會壓縮文字到最精簡，在看似平淡的對話背後，總有著縝密精巧的布局。《海鷗》一開場，小學老師問瑪莎為何穿黑衣服，因為沒有人死亡，瑪莎回答：「這是我為我的生命守喪。」多金說，如果我們仔細閱讀劇本，就會發現這句話是個伏筆，它暗示了故事最後，男主角特列普列夫的自殺。

法國作家也是諾貝爾文學獎得主的蒙迪安諾（Patrick Modiano）非常喜歡比利時偵探小說家西默農，他的小說像是獲得龔固爾獎的《暗夜街》（*Rue des boutiques obscures*）或是《在青春迷失的咖啡館》（*Dans Le Cafe De La Jeunesse Perdue*），都有偵探小說的角色與元素。二〇〇五年出版的自傳小說《家譜》（*Un Pedigree*），也是向西默農的同名自傳小說致敬。閱讀劇本與偵探小說很像，台詞與台詞中間有很多空白之處，需要推理與想像力的參與，把拼圖拼起來。他於二〇一七年出版的劇本《我們人生的最初》[12]，就充滿了這種閱讀的樂趣。作者埋下非常多的線索，召喚我們走出表面的情節，如同這個劇本背後還有一個對話的文本，即契訶夫的《海鷗》。

《我們人生的最初》描述年輕作家尚恩（Jean）在劇院的化妝室，等待他在舞台上排練《海鷗》的女友多明妮可（Dominique）。化妝室有喇叭，尚恩可以聽到喇叭傳來排練的對話。多明妮可休息時會來找尚恩，兩人話題主要落在尚恩母親艾勒薇（Elvire）與男友卡佛（Caveux），他們對尚恩文學創作的否定，以及試圖對兩位年輕人戀情的阻礙。整齣戲就像電影般，在化妝室與追憶的場景間交錯進行。

劇本一開場，尚恩獨自處在昏暗當中，他在回憶過去時說：「我不想細數這些年……一切似乎都歷歷在目……我只想對你一個人說……我好怕有些細節已經忘了……過了劇院管理員的那個小房間後……他叫做鮑伯·勒·塔匹皮，對吧？你沒辦法回答我（停頓片刻）……」

12《我們人生的最初》（*Nos débuts dans la vie*），尉遲秀譯，網路與書出版，2022。

這個劇本用到五位演員，除了前面提到的四位，另一位是劇本一開始提到，但結尾才出現一下子，台詞只有短短幾句的劇場管理員塔匹皮。這個安排有點奇怪，劇本當中經常提到另一個重要角色是《海鷗》的導演薩維斯貝格。但是蒙迪安諾卻沒有安排導演這個角色現身，僅能聽到喇叭傳出他在指導演員的聲音。

為什麼要讓塔匹皮出場，明明他是微不足道的角色。或許解答的線索需要到劇本外去尋找，如同本劇人物的關係其實類似契訶夫《海鷗》，連劇中主角自己都意識到這件事。多明妮可出場沒多久就說：「剛才排練時，我想到一件事……《海鷗》裡的人物跟我們有一些共通點……」但是在偵探小說裡，破案的關鍵卻往往是最微不足道的細節。

《我們人生的最初》出版後不久，不少法國書評都提到本劇與《家譜》之間的關係。換言之，這齣戲有強烈的自傳性色彩。《家譜》敘述了蒙迪亞諾出生之後到一九六七年間的生命點滴。通常一部劇本的劇名可能暗示了作品的核心。這個重要線索，是出現在本劇最後快結尾時，尚恩說：「我要記住今晚的日期，一九六六年九月十九日星期一……整團排練的日子，我覺得這標示著我們人生的最初……」

一九六六年看起來是一個重要的年份，我發現在《家譜》中，蒙迪安諾提到：

「一九六六年的那年春天，我感覺到空氣中有些不一樣……但是這次，法國並沒有發生任何重大事件……我們彷彿是從通道裡冒出來，至於那是什麼通道，我完全沒線索，一種之前我們從未經驗過的新鮮空氣。這是否只是二十歲年輕人老是認為世界圍繞著他們轉的幻覺？對我來說，那年春天的空氣感覺起來更輕盈了。」

蒙迪安諾年少時與母親的關係非常疏遠，他的母親是出身比利時的演員，經常在外地巡演。這些帶有自傳色彩的經歷，同時反映在劇本當中。這包括提到她的口音是來自北方，年輕時剛抵達巴黎時是在北站，那是巴黎通往布魯塞爾、阿姆斯特丹與倫敦的車站，這些線索都暗示了尚恩的母親艾勒微是來自比利時。

對城市空間的描述，特別是回憶中的巴黎街區，是蒙迪安諾文學創作的主要特徵。他的小說《在青春迷失的咖啡館》，把地理空間聚焦在蒙馬特的克利西大道（Boulevard de Clichy）上，特別是地鐵布蘭許（Blanche）與皮卡爾（Pigalle）那幾站，《我們人生的最初》的劇院與場景就發生在這一帶，紅磨坊在附近，這裡也是《艾蜜莉的異想世界》主要場景所在。在劇本最後，尚恩的那一段獨白，又提起巴黎，彷彿只有記憶中的巴黎，才是真正解救了他：「我們沿著那幾條大道一路走過去……我從來沒有感覺巴黎那麼美、那麼宜人……街燈照出一種奇異的光，一種溫柔、幾乎是白色的光……是她，是她親手為我解開了手銬……都經過了那麼久，你還是記得我嗎？人經常有一種錯覺，以為自己都不會變……可是如果你知道巴黎的變化有多大……我在那裡老是覺得格格不入，但我不敢告訴任何人……除了你……」

《我們人生的最初》的結尾把重點放在回憶中的巴黎，考慮到這部劇本跟《家譜》有互為文本的關係，我們應該可以在《家譜》最後結尾找到解答。果然，在《家譜》最後，蒙迪安諾寫道：「六月的某一天傍晚在當庫爾廣場（Place Dancourt）的工作室劇院（Théâtre de l'Atelier），那晚演出一齣很奇怪的戲……羅傑在工作室劇院當劇院管理人，那天晚上也是羅傑與香塔爾的婚禮……當庫爾廣場的街燈照出白色的光……那天晚上我人生中第一次感覺到不再有負擔。那些多年來加上我身上的重擔，讓我格格不入，忽然都消失在巴黎的空氣當中。我在被蟲侵蝕的碼頭崩壞之前，得以啟航。就是在那時候。」

一九六六年春天，蒙迪安諾的生活中充滿混亂，但他預感到空氣中有些變化。到了秋天，他開始寫小說。一九六七年六月，某天在劇院看完戲參加過派對後，他走出來看到街燈照出白色的光，忽然感覺一切重擔都被釋放，他不再被那些青春的苦澀所糾纏。蒙迪安諾沒有辦法解釋那晚到底發生什麼事，但是他永遠記得那個與劇院連結的感受及意象。工作室劇院就在蒙馬特，合理推測的話，劇場管理員塔匹皮，就是那天晚上羅傑的化身，劇場象徵了蒙迪安諾得以重生的人生的最初。

《我們人生的最初》是蒙迪安諾在二〇一四年獲得諾貝爾文學獎後首度發表的作品，與另一部小說同時發行。在此之前，他只於一九七四年與一九八三年分別發表了兩個劇本，但都慘遭滑鐵盧。既然是獲得諾貝爾文學獎後，再度執筆舞台劇，蒙迪安諾勢必經過慎重考慮，想給予那段回憶一些光明。《我們人生的最初》一開始舞台是昏暗，還有不可見而只能聽到的《海鷗》排練，甚至其中一場戲是完全處在黑暗當中，黑暗不但是這齣戲的演出基調，也是一種隱喻，

與《海鷗》不一樣的，是劇場最後讓特列普列夫自殺，卻救了蒙迪安諾。回憶中的光明，最終驅走了人生一開始的昏暗。

第二部　藝術

後戲劇劇場出版二十周年

自從上個世紀的亞陶《殘酷劇場及其重影》（1938）、葛羅托斯基《貧窮劇場》（1959）與彼得·布魯克《空的空間》（1968）之後，已經很難見到有一本著作，可以在學術界與創作界持續發揮影響力，而雷曼（Hans-Thies Lehmann）的《後戲劇劇場》（*Postdramatisches Theater*, 1999）[13]正是這樣一本屬於新世紀的經典。

二〇一九年是《後戲劇劇場》出版二十周年，柏林黑貝爾劇院（HAU）院於十一月十九至二十日舉辦了一個名為「一切都是材料——後戲劇劇場二十周年」（Alles ist Material-20 Jahre Postdramatisches Theater）的小型藝術節，

13《後戲劇劇場》（*Postdramatisches Theater*），李亦男譯，黑眼睛文化，2021。

013
預知當代劇場紀事

邀請了女流之輩（She She Pop）、大嘴突擊隊（Gob Squad）與強力娛樂劇團（Forced Entertainment）等歐陸代表性團隊演出。另外，柏林藝術學院（Akademie der Künste）亦於十一月二十二至二十三日舉辦了為期兩天，名為「全世界的後戲劇劇場」（Postdramatic Theatre Worldwide）的國際研討會，而研討會開幕是紀錄片《雷曼與後戲劇劇場》（*Hans-Thies Lehmann und das postdramatische Theater*）的首映（現在讀者已可以在網路上看到這部片）。此外，英國布魯斯伯里出版社（Bloomsbury）的《後戲劇劇場與形式》（*Postdramatic Theatre & Form*）的新書發表會，也在這個國際研討會上舉辦。

後戲劇劇場一詞並非只在歐美流行，日本演劇學會的期刊《演劇學論集：日本演劇學會紀要》於二〇一九年三月發行特集《當代的後戲劇劇場研究》（ポストドラマ演劇『研究』の現在），收錄六篇學術論文。布魯斯伯里出版社於二〇二一年初出版《後戲劇劇場與印度：一九九〇年代後的劇場創作》（*Postdramatic Theatre and India: Theatre-Making Since the 1990s*），作者是北孟加拉邦大學的教授森古普塔（Ashis Sengupta）。

後戲劇劇場作一種描述新型劇場的概念，意味著傳統的術語或戲劇觀念，已不足評價當代某一類的劇場表演。雷曼解釋說：「本書旨在為考察二十世紀以來的劇場藝術發展提供新的視角。一些新出現的劇場現在幾乎是無法歸類的……對當代劇場進行概念性或經驗性論述，常常不是件容易的事，『後戲劇劇場』順應了這種困難的論述方式。提出這個概念，是為了促使大家接受它，討論它。」

後戲劇與後現代的差異

人們很容易將後現代與後戲劇混淆，畢竟這兩者名詞所指涉的創作團隊有不少重疊之處，比如羅伯・威爾森、摩斯・康寧漢或是伍斯特劇團等，但在內涵與立場上，這兩者還是有所差異，一個是歷史分期（後—現代），另一個是形式的（後—戲劇）。先用雷曼自己在本書中的說法，他認為：「但是就劇場藝術而言，大家稱的『後現代』的許多特徵都沒有在原則上表現出對於現代的否定……形容詞『後戲劇的』，指的是在劇場中的戲劇典型模式失效之後，堅持在戲劇範圍之外進行創作的一種劇場藝術。」

當然，這兩者之間最重要的差異，是後現代主義帶有虛無主義的遊戲心態，而與雷曼在本書結論中對於後戲劇劇場作為一種政治劇場的看法南轅北轍。關於這個議題，讀者可以參考後戲劇劇場出版十周年的研討會論文集《後戲劇劇場與政治：當代表演的國際觀點》（*Postdramatic Theatre and the Political: International Perspectives on Contemporary Performance*）。

後戲劇劇場的三種讀法（理論／歷史／創作）

首先從理論角度出發，我們必須注意到雷曼承接了德國戲劇學者斯叢狄（Péter Szondi）在《現代戲劇（1880-1950）》（*Theorie des modernen Dramas*, 1956）的論點，即現代戲劇的焦點在對話的危機。斯叢狄透過黑格爾的辯證法，分析現代戲劇在十九世紀末到二十世紀中葉的發展過程中，出現了形式（人物間的對話）與內容（退居到內心的被動角色）的矛盾。曾是斯叢狄在柏林自由大學學生的雷曼，他接下了斯叢狄的棒子，論述這個危機的最後結果，是當代劇場從戲劇（drama）走入劇場（theatre），文本不再是戲劇活動的核心，而是劇場所有元素的平等展現。雷曼強調：「斯叢狄描述的是文本層面的變化，後來發展到劇場藝術不再以戲劇為基礎……後戲劇劇場結合了多種藝術形式……所以，面對這種劇場形式，其他藝術門類（造型藝術、舞蹈、音樂）的愛好者經常比醉心於文學性敘述劇場的觀眾更懂得怎樣去欣賞。」

再來是我們可以從歷史角度觀察，藝術品味的變化是在歷史進程中實現，背後的主導因素是社會感性能力的結構轉變。因此，造成後戲劇劇場盛行的原因，不是只有創作者本身的美學想法，而是二十世紀下半的媒體環境催生了這個集體現象。所以，本書一開頭，雷曼就引用了加拿大媒體學者麥克魯漢（Marshall McLuhan）的用語，不是沒有道理的。一九八二年，維爾特（Andrzej Wirth）在德國基森大學（Universität Gießen）創立了應用劇場藝術學系（Angewandte Theaterwissenschaft），後來這裡成為孕育當今德國後戲劇劇場的大本營，雷曼也是創系初期的元老。在《應用劇場藝術學：德國基森的後戲劇理論與實踐》（彰化文化局出版）一書，我們可以發現藉由結合與探討各種當代新媒體技術與美學，這批基森的畢業生創造了各種不再以對話為核心的劇場事件，拓展了後戲劇劇場的疆界。不論是瑞內．波列許（René Pollesch）、女流之輩、大嘴突擊隊與里米尼紀錄劇團等，這批基森畢業的藝術家，如今都是一方之霸。比如，波列許繼任卡斯托夫（Frank Castorf）成為人民劇院的藝術總監，大嘴突擊隊入選二〇二一柏林戲劇匯演（Theatertreffen）的年度十大，入選柏林戲劇匯演達四次的里米尼紀錄劇團經常與歌德學院合作在世界各地演出，儼然成為德國劇場界的全球大使。

拋開這本書在理論與歷史上所需求不同學科的大量背景知識，若是純粹的創作者希望能快速吸收當代劇場的創作趨勢，這本書是非常值得參考的導航系統。雷曼在前言列有一份名單，提供了一份近八十組藝術家的索引。這批名單囊括了一九七〇年代到千禧年前夕的重要創作者，其中大部分至今都還在國際劇場界活躍著，比如美國編舞家威廉·佛賽（William Forsythe）或是英國的合拍劇團（Complicité）等。在此建議創作取向的讀者，不妨先從這本書的後半，也就是第五章至第七章開始讀起。實際上，雷曼對《後戲劇劇場》的書寫風格，並非力求論證的環環相扣，而是不斷從哲學、歷史、人類學、社會學、媒體與政治等不同角度，來掌握後戲劇劇場這個新的歷史現象（這段歷史尚未成為定論）。因此，這本書的每一章節與其他章節之間，總會出現各種相互呼應的主導動機，像是媒體、觀眾、符號、展演（performance）與來自布萊希特有時被稱為史詩化的敘事化（Episierung）等。

當代藝術創作傾向不斷顛覆過往的定義，雷曼在這本書提供的，是一個暫時性的觀察，試圖對在理論上掌握這個新現象，而目標是引發對這些劇場事件的關注與討論。在此也建議讀者，切勿將雷曼對後戲劇劇場的階段性描述（比如第七章「後戲劇劇場的方方面面」的內容），當作是一種規範性的清單，將其視為製作或評價後戲劇劇場的定義。

一段小回憶

二〇一六年十月初，雷曼夫婦到台灣訪問，在當時北藝大客座的雷思遠教授（Christoph Lepschy）的引薦下，他們來臺北藝術節看了幾場演出，於是我就有機會與他們近身接觸。至今印象最深刻的，是他們來看義大利的莫圖斯前衛劇團（Motus）的《中性》，看完後讚不絕口，我立刻向雷曼介紹導演。沒想到雷曼一見到導演，就用義大利文與他聊了起來。之後我們又去小酒館，雷曼的太太海倫·瓦洛普魯（Helene Varopoulou）是希臘人，同時也是戲劇學者，年輕時在巴黎留學，還擔任過阿爾戈斯藝術節（Argos Festival）的藝術總監，並將海諾·穆勒（Heiner Müller）的一系列作品翻譯成希臘文。本書第四章第五節「音樂化」，一開頭也有提到她。海倫與我分享波隆納地區的劇場生態，提到當地藝術家與小劇場有強烈的左派意識，雷曼隨即補充當代歐陸一些政治劇場的現況。我感覺到，這對夫婦感情非常好（現在雷曼夫婦隱居在希臘），他們不僅學識豐富，對當代劇場生態如數家珍，許多演出都是親眼看過，這應該也是《後戲劇劇場》書寫背後的最大養分。

後戲劇劇場之後

如果說，我們用亞里斯多德的情節、角色、對話、思想、音樂、景觀的戲劇六大要素來分析，後戲劇劇場其實就是從傳統較重視的情節人物語言，移向了光譜的另一端，更著重在音樂（表演）與景觀。而且，有一個新的要素必須增加到這六大要素，成為第七要素——那就是觀眾。在後戲劇劇場中，「觀眾必然不再只充當事不關己的見證者，而成為劇場藝術決定性的參與者、合作者……」我們可以看到越來越多的後戲劇劇場作品，觀眾的行動構成了演出的核心，較為台灣觀眾所知的例子，是里米尼紀錄劇團的《遙感城市》，演出中沒有任何演員，只有戴耳機漫遊的集體觀眾。女流之輩入選二〇一九柏林戲劇匯演的《清唱劇》（*Oratorium*），台下觀眾一起對台上投影幕進行讀劇，也說明了這個趨勢。

後戲劇劇場與傳統戲劇演出之間的關係，並非是一種零合遊戲。依據麥克魯漢的觀點，藝術是社會環境的預警系統，是能感知到隱蔽現象的反環境，讓新媒體對社會的作用得以被大眾意識到。後戲劇劇場不過是反映了電影、電視、網路到VR等新媒體的出現對當代社會的人際關係與感性能力的影響。一個戲劇潮流可以透過一個新的理論觀點被發現，進而被聚焦，被發展。雷曼提出後戲劇劇場的概念，是為了讓我們找到一個新角度來面對新時代的藝術創作，探索這些屬於我們的時代現象。

《後戲劇劇場》出版至今，至少有二十六種語言的譯本。在人類歷史上，翻譯是為了促進理解他者，跨越語言所帶來的文化界限，而出版（publication）就是一種公共化（publicization）。當然，理解不一定會成功，但沒有理解的企圖，公共空間也就沒有存在的意義，文化也將隨之僵化。

014

遺稿中的遺稿

——卡夫卡的圖像書法

"What can be shown, cannot be said"

——哲學家維根斯坦

卡夫卡在一九一三年二月十一、十二日給菲莉絲的情書中，畫了兩張手臂挽在一起的小圖，隨後他在信中寫道：「妳喜歡我的塗鴉嗎？我曾是個不錯的工匠，妳知道的，但後來我參加學院派的繪畫課程，碰到一位十分差勁的女性畫家，她幾乎毀了我的天份。想想看，那多可怕！但請耐心期待，過幾天我會寄給妳幾張我的畫，讓妳有些素材可以嘲笑。這些圖畫曾帶給我極大的滿足——那是幾年前——沒有任何事物比得上。」

讓我們先分析這段文字，卡夫卡對自己的素描頗為自信（「妳喜歡我的塗鴉嗎？」），表示自己上還過繪畫課，只是學院派的教育破壞了他對繪畫本有天份。想像你在追求某個對象，接著你秀出以前彈的吉他錄音，然後說，其實我以前吉他彈得還不錯，都是被別人害的（「想想看，那多可怕！」）——這背後的潛台詞是，我曾有一項非常珍貴的特質，後來被別人毀了，但我想讓你知道我曾有那麼棒過（這有點像在臉書放以前很瘦的照片……）。從這角度來觀察，可以想見卡夫卡在寫給追求對象的情書中，忽然秀出自己的塗鴉技巧時，他幾乎已經是在亮底牌了。這段文字的最後，卡夫卡強調繪畫曾帶給他的滿足（「沒有任何事物比得上」），我們可以猜測，在他還沒有決定走向文學之路前，繪畫也是他人生的一個選項。寫這封信時，卡夫卡剛好三十歲，三十而立的他，已經完成《判決》、《蛻變》與《司爐》等重要作品，他的人生之路已經確定，文學是他的志業。

但在一九〇六至〇七年左右（「那是幾年前」），他對視覺藝術產生了某種狂熱（「這些圖畫曾帶給我極大的滿足」），一方面是他正受到福樓拜的影響，另一方面是他與一群新生代的捷克畫家有密切往來。福樓拜的《情感教育》是影響卡夫卡極重要的一部小說，作品中大量視覺描述而非內心感受的自然主義文學技巧，可能刺激卡夫卡在文學初期的道路上，轉向繪畫以吸取養分。這有點像宋朝詩人陸遊說的：「汝果欲學詩，功夫在詩外。」

卡夫卡原本有一張畫要給馬克斯·布羅德新書當封面，即是在一九〇七年這段繪畫高峰期。這時候卡夫卡的歲數，大概是二十五歲，是他於一九〇六年當拿到法學博士開始在法院實習的階段（1906-07）。這是剛從學校離開準備就業的年齡，卡夫卡還在尋找人生的目標。而且很明顯，法院工作不會是他喜歡的。如同所有文藝青年一樣，卡夫卡勢必會受到同儕的影響，而且什麼都想做，就是不想當上班族。

二十世紀初，現代繪畫正處於歷史的前期高峰，百家爭鳴，「八人組」受到孟克的表現主義與野獸派的啟發。前者致力於潛意識想像的陰森畫風，對卡夫卡的小說風格有關鍵性的影響。另一位與卡夫卡熟識的表現主義大將庫賓（Alfred Kubin），卡夫卡曾多次在日記中提到他，尤其是在一九一一年九月底，正好是他要完成《判決》、《蛻變》與《司爐》等作品的前一年。法國學者樂梅爾（*Gérard-Georges Lemaire*）的《卡夫卡與庫賓》（*Kafka et Kubin*, 2002）一書，即探討了庫賓畫作與卡夫卡小說在藝術風格上的關聯性。

卡夫卡的素描多是塗鴉，而且是畫在日記、筆記本或私人信件上，而非文學作品的插圖。換言之，這些作品是獨立的畫作，不是文學的圖解。卡夫卡對繪畫的喜好，可追尋到一九〇三至〇五年在讀大學的時光，好友馬克斯．布羅德發現他在課堂筆記本的空白處進行塗鴉，而這份嗜好則一直持續到他過世之前的一九二四年。

這些畫作感覺起來像是文字的變形，有些圖可能是K這個字母的變化。總而言之，這些素描多半沒有深度，缺乏陰影，毫無色彩，而是筆畫的筆觸與線條，構成作品的主要特徵。目前可能是唯一一部研究這些素描的專著《卡夫卡的觀看：一位作家的素描》（*Le regard de Kafka, dessins d'un écrivain*, 2002），法國學者賈克琳・蘇妲卡貝納哲拉芙（Jacqueline Sudaka-Bénazéraf）提出以書法角度來看待這些作品，讓當代對這些遺稿如何做出詮釋，提供一道曙光。

書法是文字書寫的藝術，筆勢的氣韻及筆觸，是我們欣賞這些作品的要點。如果以一種圖像書法的角度來看待卡夫卡的素描，首先要留意到的，是他所使用的創作工具，恰似書法一般，是寫作用的筆。由於這些畫作都是出現在書寫過程（不論是筆記、日記或信件），我們可以合理推斷，卡夫卡不太可能有專屬的繪畫用筆，而是直接用正在書寫的筆進行素描。

在中國的水墨畫作中，經常有搭配有畫家的題款，表述作畫緣由或感言之類，這些題款往往突破了視覺的內容，以書法的方式與畫作共存。卡夫卡的素描，則恰好是題款的顛倒。在這裡，文字是主要內容，圖畫倒成了一種題款。在水墨當中，圖像表達了一種抽象的意境，不可言傳，題款雖以語言表達，卻非被限制在對圖像的註解，而是帶離我們離開畫作，講述更多關於藝術家本人的訊息。進一步的顛倒現象，一樣存在卡夫卡的素描當中，以語言論及個人生活的文字是主要內容（再提醒一次，這些都是日記、筆記或信件），位在邊緣的塗鴉反而不可言傳，亦非單純內容的圖解。

現在讓我們回到卡夫卡給菲莉絲畫手臂挽在一起的那封信，在畫圖之前，卡夫卡提到他夢見兩人手挽手走在一起，然後他說：「我就是無法透過文字向妳描述在我夢裡我們是怎麼散步的！」夢中的世界已經超越卡夫卡的文字能力，他只能用圖像的方式來表達（「等等，我用畫的好了」）。同樣的，意境也往往無法以語言表達，你只能看到畫，這幅畫以圖像的方式呈現給你，激發了你的想像力——正如夢境不是用語言，而是視覺的方式呈現給你一般。（有人作夢是夢到只有對話或文字，而沒有影像的嗎？）

《與卡夫卡對話》作者亞努赫記錄了卡夫卡晚年，有一次曾提到他對自己畫的小人素描的看法，卡夫卡說：「我想抓住人物的輪廓，可是他的透視消失點不在紙上，而在我的鉛筆沒有削尖的另一端——在我的心中。」所以這些小人來自卡夫卡的靈魂深處，他的素描目的不在模仿客觀世界，而是出自心中的一種主觀感覺，我說不出來，找不到文字，只能用塗鴉的方式，透過我的手，去宣洩那種感覺。這就像書法不是記錄外在對象，而是記錄手的動作一樣。而且，他還說這「是個人的表意文字」，不就更肯定了我們用書法來解釋這些素描的觀點嗎？

塗鴉的過程往往是無意識的，來源與夢很接近，所以卡夫卡對亞努赫說：「那些小小男人是來自黑暗，為的是要消失在黑暗裡。」接下來這句話最關鍵：「我的塗鴉是不斷重複而失敗的原始巫術的嘗試。」如果這是巫術，是我在進行私人反省的時候才出現的動作，那我在召喚什麼？為什麼這些塗鴉我只願給最親密的自己、情人與好友看？我想把這兩個問題留給讀者思考，開啟與卡夫卡的對話過程。

卡夫卡的素描是他最私密的創作，甚至超越了他的日記與書信，是遺稿中的遺稿。這些遺稿代表他在文學創作之外的另一項熱情，即使這個熱情沒有被適當開展。卡夫卡就像難忘年輕時搞團的上班族，總會不時回到他最初的嗜好，偶爾彈兩下吉他。（「這些素描是很久以前的，深深烙印在我心裡的熱情的痕跡。」）

這些素描與卡夫卡的文學寫作之間，亦存在平行關係。我們知道，卡夫卡多數作品都是殘篇，而且有大量短篇或札記，都是未完稿且未考慮出版，可說是一種文學塗鴉。若以未完成的角度來看，他大多作品都是失敗的。但正是這些不斷失敗的嘗試，不論是文學或繪畫上的，卡夫卡以一種失敗者的獻身，拉近了我們與他的距離，照亮了這些作品。班雅明說：「再也沒什麼事情比卡夫卡強調自己失敗時的狂熱更令人難忘。」

卡夫卡的圖像書法源自他對失敗的熱情，那股狂熱就保留在不斷重複的塗鴉筆觸當中，永不燃盡。[14]

14《曾經，有個偉大的素描畫家：卡夫卡和他的41幅塗鴉》（*Einmal ein großer Zeichner. Franz Kafka als bildender Künstler*），謝靜雯、林宏濤譯，商周出版，2014。

015
詩歌、愛情與革命的子彈火力全開

捷克小說家米蘭・昆德拉在小說《生活在他方》（1973）的序言一開始就寫道：「『生活在他方』是蘭波的一句名言。布勒東（André Breton）在他的《超現實主義宣言》（1924）[15]的結尾中引用這句話。一九六八年五月，巴黎學生曾把這句話作為他們的口號刷寫在巴黎的牆上。」如果超現實主義的創作手法中，有什麼是從佛洛伊德那裡得到最重要的啟發，那勢必就是要排除理性的屏障，瞥見非理性的偶然連結，可以磨擦出照亮黑暗人生的奇蹟火花。

米蘭・昆德拉的這段話就是這樣，將詩人、超現實主義與學生運動連結在一起。生活在他方點出了整個超現實主義的企圖，是要把夢想中的他方生活，在當下的日常生活實現，超現實主義脫離不了介入世界的政治情懷。一九

15《超現實主義宣言》（*Manifeste du Surréalisme*），袁俊生譯，麥田，2020。

六八年的巴黎學生運動，會對超現實主義的話語有強烈共感，是因為這批學生正在進行一場革命，與工人一同進行罷課罷工，抗議社會不公，而政治參與也是《超現實主義第二宣言》（1930）的主要議題之一。

「讓想像力奪權」（L'imagination au pouvoir），是一九六八年巴黎五月風暴的另一句塗鴉名言，作者不明，但我們可以說這全然是超現實主義的口號，完美濃縮藝術改造現實的政治企圖，大膽揭露超現實主義最終的目標，絕對不是停留在美術館、雙年展，而是改變生活本身。布勒東在《超現實主義第二宣言》強調：「超現實主義的觀念力求以某種具體的形式出現在大家面前，力求去接受某種事實範圍內所能想像的東西，正如愛情的觀念力求去創造一個生命，革命的觀念力求讓革命那一天早日到來，否則這些觀念將沒有任何意義。」

宣言是用來止息爭議的，宣言無關真假對錯，宣言有著述行性（performative）的特徵。就發出宣言的當下現實來說，宣言往往也是誇大的，因為宣言尚未成為事實，宣言也是一種宣告，勢必是公開的，具有一定的公共性。我將愛你直到永遠，這句話是一句宣言，沒有人在意這句話的效力是否能持續到永遠，對於聽到這句話的人來說，這句話代表了愛的承諾，接下來的選擇只能是行動——接吻或離開。

法國當代哲學大師阿蘭・巴迪歐（Alain Badiou）在《世紀》（2005）一書，提到：「是說一下布勒東的時候了……除了還有誰會將新藝術的諾言同宣言的政治形式綁在一起？超現實主義的第一與第二宣言都是其中最清晰的證明。」宣言既存在於前衛藝術（想想一九一八年的《達達宣言》），也存在於政治當中（誰能忽略馬克思與恩格斯在一八四八年的《共產黨宣言》），甚至在愛的行為裡，巴迪歐接著解釋：「在政治、藝術甚至在愛中，只要說『我愛你到永遠』，就明顯是超現實主義的不明確行動的宣言。」所以，你可以不懂藝術，不關心政治，但只要你愛過，曾發出愛的宣言，你就握有進入超現實主義的最後一把鑰匙。這把鑰匙可以打開布勒東的《可溶化的魚》（1924），甚至通往他最重要的關鍵文本《娜嘉》（Nadja）（1928）。

詩歌、愛情與革命，是這本書最重要的三個關鍵字。我們可以大膽地說，《超現實主義宣言》是關於詩歌，《可溶化的魚》是探索愛情，《超現實主義宣言》是討論革命。詩歌、愛情與革命三位一體，是超現實主義的聖父、聖子、聖靈。這三者所產生的話語都相當類似，分享著同樣的修辭策略。而且，詩歌、愛情與革命特別容易吸引年輕人的參與，唯有青春的力量，才能招喚出超越現實的勇氣，不惜犧牲一切，與舊世界對抗。

宣言是一種事件，如同夢境是每天的事件。夢將現實重組，打破了原本的日常生活邏輯。事件是創造性的，宣言也是。詩歌、愛情與革命都屬於一種創造性的事件，會在我們的世界打出一個洞，讓新鮮空氣進來。

《超現實主義宣言》原本是為了《可溶化的魚》一書的出版所寫的序言，後來才改名為《超現實主義宣言》。《可溶化的魚》這部文集融合了詩與小說，絕大部分是透過自動書寫而完成的，許多內容都呈現了如夢境般的快速場景變化，文章中流竄著各式各樣古怪比喻。對讀者來說，這是一場刺激的語言冒險，置身於與無意識合為一體的巴黎，像電影《全面啟動》一般，沒有讀者分得清楚自己是在哪一層，現實與夢的邊界消失，但最終是要透過拯救夢境的巴黎來解放現實的巴黎，布勒東在《可溶化的魚》寫道：「我們是無意識狂歡的囚徒，狂歡活動在大地深處繼續進行，因為我們已經開採了許多礦井和地下隧道，通過這些隧道，我們一大幫人鑽入城市地下，想把那些城市炸掉。」

除了第三十二節也就是最後一節是完成於一九二三年初，《可溶化的魚》的其他三十一節都是寫於一九二四年三月十六日至五月九日間。布勒東在《超現實主義宣言》解釋了《可溶化的魚》的創作緣由：「五年來，我寫了許多這一類的隨筆，其中的大部分文字都寫得極為凌亂，後來我還寫了一些短小的故事，這些故事被編在本文集之中，它們為我提供不容置疑的證據……只要能從某些聯想當中得到夢寐以求的突然性，那麼所有的手法都是好的。」至於這個書名，首度出現於一九二四年春天某一次自動寫作的段落中，「一碗金魚在我頭裡游來游去，這個碗裡只有可溶化的魚。」

專研超現實主義的法國藝術史家皮耶．代克斯（Pierre Daix）根據布勒東的信件考證，除了自動寫作法之外，《可溶化的魚》還使用了一種名為「紙片遊戲」的手法，是從報紙剪下一些的標題片段，然後再以此為靈感來源進行創作。或許這也是《超現實主義宣言》沒有指明卻提到的：「我們甚至可以非理性的方式（但要遵從句法規則），將報紙上的標題或標題中的零星幾個字拼貼在一起，並給它冠上『詩』的標題，這麼做也是可能的。」

我對超現實主義的興趣，源自一九九〇年代末在布拉格留學的那段時光。捷克是法國之外，超現實主義者活動最為活躍的國家，像是與布勒東交好的知名女畫家朵妍（Toyen），當代動畫大師楊．斯凡克梅耶（Jan Švankmajer）都是超現實主義者。整個捷克現代文學與藝術，籠罩在超現實主義的魔力下，一九八四年諾貝爾文學獎得主詩人雅羅斯拉夫・塞佛特（Jaroslav Seifert），米蘭・昆德拉的小說，都從超現實主義獲取靈感。我收集到一本一九六七年出版的詩集，那是布拉格之春前夕，言論還相對自由的短暫美好時光，詩集裡收錄捷克與法國超現實主義者的繪畫與詩歌，內附一張朗讀的小唱片。為了理解這個文化傳播現象的源頭，我對一九二〇年代在巴黎的超現實主義者們的活動狀況感到好奇，開始研究相關資料。

在一個偶然機會下，我認識當時在布拉格舊城廣場附近新開設的古物店老闆，他從巴黎搬來，店內收藏了許多超現實主義的第一手文獻，特別是現在已價值不斐的全套《超現實主義革命》（*La Révolution surréaliste*）及《為革命服務的超現實主義》（*Le Surréalisme au service de la revolution*）。當老闆從玻璃櫃中拿出這兩套珍貴雜誌讓我翻閱時，我有一個非常強的感受，與後來我們從超現實主義畫家如達利等所得到的美術印象不同，我意識到超現實主義其實是一個文學刊物為主體的同仁集團，不論是阿拉貢的文章或是畢卡索的插畫，都刊登於這些刊物上頭，在排版上進行各種詩歌與繪畫的實驗對話。超現實主義是一個論戰團體而非單純的畫派，他們需要透過雜誌這樣的媒材來聚集與發聲。如同布勒東在《超現實主義宣言》說的：「語言就是給人做超現實主義用的。」是洛特雷阿蒙（Comte de Lautréamont）與蘭波（Rimbaud）這兩位詩人，為超現實主義奠定了基石，而他們的名字會不時出現這兩篇宣言當中。

《超現實主義革命》第一期於一九二四年十二月發行，加上之前十月出版的《可溶化的魚》（《超現實主義宣言》的標題大剌剌地印在書封，甚至比《可溶化的魚》還大字），超現實主義就像是異形般從達達主義的卵巢中掙脫出來，正式享有自己的名號與立場，並與布勒東這個名字連結在一起。在此之前，是詩人阿波利奈爾（Guillaume Apollinaire）首度使用超現實主義這個名詞，他於一九一七年六月以「超現實主義戲劇」來描述他的劇作《蒂蕾西亞斯的乳房》。

根據布勒東專家伊莉莎白．肯諾蕾諾（Élisabeth Kennel-Renaud）的分析，《超現實主義宣言》是由八個主題所組成，分別是向想像力致敬、召喚奇蹟、對解決夢想與現實衝突的信仰、自動書寫的原理、超現實主義的定義、超現實主義的意象、破碎語句的拼貼、不妥協的態度。

我們要記得一個重點，布勒東原本就讀巴黎索邦大學醫學院，是個對於精神疾病很有興趣的文青，一九一四年第一次世界大戰爆發被迫中斷學業，上了戰場。幾年後當他寫下《超現實主義宣言》時，才二十八歲，還可以狂妄，但也對世界夠失望，卻還沒到甘心接受現實的絕望。這時候，由詩歌、愛情與革命所組成的「超現實主義就像印度大麻般一樣能滿足所有挑剔的口味」。

《超現實主義第二宣言》最早發表於一九二九年十二月十五號出刊的《超現實主義革命》，那是最後一期，從一九二四年至一九二九年間共發行十二期，而第二宣言的副標是「為何《超現實主義革命》即將停刊？」。這五年來，以布勒東為領導的超現實主義團體，經歷了許多分裂，舊的成員離開，新的成員進來。在第一宣言裡提到的超現實主義成員，到了一九二九年，已有四分之三離開了這個團體。

這是一份政治意識非常強烈的戰鬥文宣，發表之後，布勒東於一九三〇年七月創辦了《為革命服務的超現實主義》，刊物名稱也顯示了政治態度的轉變。伊莉莎白·肯諾蕾諾分析第二宣言同樣是由八個主題所構成，分別是舊矛盾命題的虛假特徵、超現實主義不在乎任何道德、對某些超現實主義成員的批評、對基礎的提示、呼籲政治參與、對政治灌輸的警告、神祕主義的吸引力、對商業成功的拒絕。

一九二九年底，法國精神病理學家皮耶·雅內（Pierre Janet）與克萊朗博（M. de Clérambault），對《娜嘉》一書內容有意見而想控訴作者。布勒東知道這件事後，決定將提及此事的《醫學心理學年鑑》十二月號的相關內容，以序言的形式收錄到一九三〇年三月獨立出版的《超現實主義第二宣言》，並在修訂內容中給予反駁。

另外還有四個重要背景事件，可以協助我們對《超現實主義第二宣言》有更多理解，一是超現實主義成立之後，與共產黨越來越密切的合作關係，所引發各種藝術與政治的立場衝突，二是曾是超現實主義外圍成員的圖書館員兼作家巴塔耶（George Bataille）帶領另一批人於一九二九年一月創立了雜誌《文獻》（*Documents*），對超現實主義多有批評；三是一九二九年夏天，布勒東開始密集閱讀黑格爾，以便能深入掌握馬克思與恩格斯的理論；四是一九二六年十月起，布勒東的主要兩次外遇（第一次記錄在《娜嘉》）與妻子西蒙娜．卡恩（Simone Kahn）的離婚危機。我們可以見到詩歌般的愛情話語依舊夾雜在政治與哲學論述中間，布勒東在第二宣言的結尾強調：「詩人聲稱已經找到愛情的鑰匙，而此人與和詩人一樣，也找到了愛情的鑰匙。」

在這不斷加速的資訊時代，語言的重量在手指滑動間消磨殆盡，宣言的形式還是可能的嗎？布勒東沒有機會示範給我們看，但他至少示範了即使還看不見天亮，依舊要保有抵抗的姿態，畢竟夢只有在黑夜才會展翅高飛，而這個姿態可以存在於詩歌、愛情與革命當中。挑一個吧！

016
《空的空間》之前與之後

《空的空間》[16]這本書最特殊之處，在於它的影響力，幾乎是靠它開頭的第一段話，以及彼得・布魯克（Peter Brook）對四種劇場的分類，而在當代劇場界擴散。但我們若細讀此書，又不免發現，「空的空間」這個概念在後來幾乎沒有任何進一步的集中詮釋（只有吉光片羽地分散論及劇場空間）。連最核心的當下劇場（immediate theatre）這個字，在本書中只出現過兩次，一次是在第一頁，再來就是第四章的標題。

那麼這本書的內容在談什麼呢？大致來說，彼得・布魯克在第一章批評商業劇場所帶來的僵化制度，第二章談亞陶及同代創作者（如葛羅托夫斯基、貝克特與康寧漢），第三章主述布萊希特，第四章論及他所有的執導經驗，而貫穿整本書的是——莎士比亞。

16《空的空間》（*The Empty Space*），耿一偉譯，國立中正文化中心，2008。

如果丟掉標題，讓內容自己說話，我們不免感覺到這本書如同它的起源一樣，更像是四場精采的演講，講者在起了頭之後，就隨著思緒與現場氣氛自由翱翔，雖然有時會離題，但總是在與聽者分享，總是在向聽者提問。

但講者畢竟是同一人，在講解這些理念時，彼得．布魯克已年屆四十。在此之前，他已經導過五十部以上的作品，類型從舞台劇、音樂劇、歌劇到電影，巡演地點遠至美國與俄國。簡單地說，四十歲的他，正處於人生的頂峰，不但經驗豐富，技藝磨練純熟，思想也達到不惑之年的成熟期。《空的空間》就是彼得．布魯克創作經驗的總整理與再出發。

於是我們可以說，「當下劇場」是他二十年專業劇場生涯與人生追求所得到藝術洞見，而「空的空間」是他接下來實踐預告。所以《空的空間》這本書代表了彼得．布魯克創作生涯的轉捩點，可以銜接他的前期與後期，而唯一不變的，也是在這裡必須再度強調的，就是他對莎士比亞的熱愛。

在《空的空間》之前

其實彼得．布魯克在一九五〇年代就已經是英國劇場界的天才導演，縱橫大西洋兩岸的藝術劇場與商業劇場。這些豐富的實踐經驗，讓他對於劇場的本性有著透徹的觀察，也成為支持《空的空間》這本著作最重要的經驗來源。所以在第一章對僵化劇場的批評，彼得．布魯克根本是用一個過來人的高度在說話，也唯有一個經歷過商業劇場的人，對僵化劇場的批評才能鞭辟入裡，說服讀者。但我們也要注意，彼得．布魯克並非在批評商業劇場本身，畢竟哪種戲可以被稱為商業劇場是很有疑問的。但在《空的空間》裡，我們可以很明顯可以看到，彼得．布魯克是在批評一種習氣，這種習氣在商業劇場特別盛行，因為它發展出一種以票房作為唯一導向的戲劇製作，最後影響到排練制度與演員表現。僵化劇場當然永遠都會存在，這就如同死亡會存在一般。但若將劇場視為一種活潑的現場藝術，就必須避免習氣上身，因為藝術的目標是一種自由，而僵化所帶來的習氣，讓劇場工作者看不到新的可能性。

當然，在這些經驗裡頭，有四個點是必須注意的。首先在寫《空的空間》之前，彼得·布魯克已經執導了幾位現代劇作家的劇本，包括惹內（Genet）、沙特（Sartre）、彼得·韋斯（Peter Weiss）、迪倫馬特（Dürrenmatt）等，這幾位作者以作品在結構與內容的前衛性而馳名國際。彼得·布魯克幾乎都是在劇作完成的第一時間，就製作該劇的英語版。也因此，他能夠藉著執導這些作品的機會，接觸到當時劇作家對於時代精神與藝術形式的最新想法。這些作品所要求超越傳統的表現方式，更讓彼得·布魯克有機會超越自己。基本上，在現代劇場的情境裡，劇作家與導演是魚幫水、水幫魚的關係。

再者是莎士比亞。在一九六五年的「空的空間」講座之前，彼得·布魯克就已執導過七部莎劇，並於一九六二年被邀入新成立的皇家莎士比亞劇團。莎士比亞對彼得·布魯克的影響是無遠弗屆的。讀者只消翻閱本書，就知道彼得·布魯克最常舉的創作例子就是莎士比亞（他至少執導過四部阿努依（Anouilh）的戲，但他幾乎隻字不提）。莎士比亞成就了彼得·布魯克的劇場觀，包括空的空間這個概念在內。

第三是亞陶的殘酷劇場觀念。其實彼得·布魯克是很晚才熟悉亞陶。那是他於一九六二年到紐約巡演《李爾王》時，一名婦人邀請他談談亞陶對他的影響，他才跑去書店找《劇場及其複影》來看。但是亞陶對他來說具有點燃引信的作用，引爆了他之前累積的劇場經驗。他在一九六〇年代中期開始熱情擁抱亞陶，嘗試各種實驗（也反映在本書內容上），甚至到著迷的程度。這裡可以說一則軼事，一九五〇年代就與布魯克合作的知名莎劇演員吉爾古德（Gielgud），於一九六八年參與布魯克執導塞內加（Seneca）的《伊底帕斯》（Oedipus）。當時布魯克陷在殘酷戲劇的狂熱當中。在工作坊中，他要求演員進行各種實驗，例如模仿各種動物尖叫之類的，至於劇本則一直被擺在一旁。有一天，他要求演員想像一個最可怕的經驗，然後藉此發展出一段即興演出。輪到吉爾古德時，他什麼也沒做，只是站在那裡用憂鬱的眼光一直望著導演。彼得・布魯克最後受不了，就問是否沒有什麼事會讓他感到害怕。「我說啊，彼得，當然是有的。」吉爾古德平靜地回答：「那就是還有兩個禮拜戲就要開演了。」

第四是布萊希特的影響。早在一九五一年，彼得・布魯克到柏林旅行時，就見過布萊希特本人。布萊希特不但熱情款待他，介紹他的柏林劇團，還講解他的疏離效果給布魯克聽。布魯克則甚至特別到慕尼黑去看柏林劇團的《勇氣母親》。在這個注重身傳與口傳的劇場界裡，可以想見這個經驗對當年才二十五歲的彼得・布魯克影響有多大。後來柏林劇團於一九五六年到倫敦演出《勇氣母親》，對英國劇場所造成的震撼，改變了英國劇場的風貌（這點多有人論及，讀者亦可以參考《二次大戰後的英國劇場》（*British Theatre Since The War*）一書）。由於布萊希特所使用的疏離技巧與政治理念，跟向來有左派政治傳統的英國劇場界相當契合，彼得・布魯克自然在演出風格上，也吸收了布萊希特所發展出來的各種劇場敘事風格。最明顯的轉變，還是一九五八年他執導了深受布萊希特影響的迪倫馬特的劇作《老婦還鄉》，之後又製作了他的《物理學家》（1963）；彼得韋斯的《馬哈／薩德》（1964）與《調查》（1965）也必須在放在布萊希特影響的脈絡下被檢視。

除了以上四點之外，最值得一提的，是第四道大師葛吉夫（George I. Gurdjieff）對他的影響。這個影響是全面性的，因為葛吉夫所具有智慧觀察力，反映在彼得・布魯克的所有行為上。首先，我們必須知道，彼得・布魯克大約在一九五二年就讀過葛吉夫俄國弟子鄔斯賓司（P. H. Ouspensky）寫的《探索奇蹟》（*In Search of the Miracle*），並立刻成為葛吉夫傳人之一的珍・希普（Jean Heap）的弟子，一直到一九六四年她於倫敦去世為止。當然，彼得・布魯克長期不願意承認葛吉夫對他劇場創作的影響。在許多訪談記錄中，許多人都試圖問他這一點，但他總是跳過。一直要到二〇〇一年於華沙的葛羅托夫中心演講「葛吉夫與演員」（Gurdjieff and the Actor），他才比較大方將葛吉夫的觀念與劇場連結。

當然，很多小孩不願承認自己跟父母在態度行為的相像，實際上，潛移默化的力量往往大過意識可以偵測的程度。葛吉夫的教誨有很多，讀者不妨可以閱讀後來被彼得．布魯克改拍成電影的《與奇人相遇：第四道大師葛吉夫的靈修之路》。最重要的，是他對第四道的看法。葛吉夫將求道的方式分成四種，第一種是苦行僧，第二種是僧侶，第三種是瑜伽，第四種是第四道，又稱為狡猾之道。苦行僧不懂得變通，只知道從身體下手，僧侶具有信心，卻不像瑜伽能結合應用知識與意識。但對葛吉夫來說，最重要的，還是第四道，第四道無法被具體下定義，視情況隨時變化（第四道的第一條原理就是人不可以相信任何事），所以又稱為狡猾之道。

我們可以發現，彼得．布魯克對僵化劇場、神聖劇場、粗俗劇場與當下劇場的區分，有點接近第四道的情形。例如苦行所帶來的一種槁木死灰的狀態，其實跟僵化劇場很像，僧侶具有宗教信心，跟神聖劇場頗有類似之處。最重要的，彼得．布魯克對待當下劇場跟狡猾之道一樣，從來沒有給出具體的定義或說法，但讀他整本

《空的空間》，卻又充滿當下的智慧語言。也因此，他知道任何固定的真理說法最終都會變成僵化，所以他不斷提醒讀者，這本書所提到的任何方法，都沒有辦法被完全有效的複製使用，因為文字是有限的，凝固的。重點是當下，若能活用當下，方法才是真的方法。

在《空的空間》之中

當然，即使第四章對當下劇場這麼概念沒有更具體的說明，但我們還是可以在一些內容上，較明顯感受到他是在談當下劇場的蛛絲馬跡，例如他在最後提到：「那就是成功突然間在什麼地方真的發生的時候：當演出發生一種集體地整體經驗時，那是一種包含戲劇與觀眾的整體劇場（total theatre），它會讓對僵化、粗俗與神聖的區分都變得毫無意義。」雖然當下劇場這個字沒有出現，但我們很容易明白，這是暗示當下劇場有能力將演出與觀眾囊括在一個整體經驗當中，並超越、神聖世俗與僵化。他後來在《開放的門》一書中，則解釋當下劇場是「無論主題為何，人們都必須找到最好的辦法，讓它在此時此刻活起來。」（here and now, to bring it to life）；他甚至提到劇場的本質就是當下這一刻（the present moment）。

其實第四章的內容還是呼應當下劇場這個概念，那就是彼得・布魯克談他當下正在進行的一些劇場實驗以及一些新觀點。在這些看法中，最關鍵的，應該是「Theatre =Rra」的公式，也就是「劇場等於排練／演出／觀眾（Rra=Répétition, représentation, assistance）」。我們不能將這個公式直接等於當下劇場。但它畢竟點到當下劇場，或者說彼得・布魯克心目中理想劇場的一些特色。此公式最別出心裁的，就是觀眾在演出中的角色。之前的劇場理論或是導演，很少注意到觀眾對演出的影響。彼得・布魯克則直接將觀眾納到這個空的空間之內，這不但呼應了本書在一開始提到有一個人在觀看這件事，也符應他後來在北方滑稽劇院將觀眾納入圓的共享空間的做法（就是反對鏡框式舞台空間分裂演員與觀眾的做法）。換句話說，觀眾是劇場本性中一個積極的元素，這已不是票房或是教育觀眾之類的被動概念，觀眾就是劇場演出的一部分。這一點也同樣是和當下這件事貫通的，劇場演出是一種當下經驗，只有當下觀眾感到演出的生命，劇場才是真的存在。

有一些背景事件是值得在此一提的，是本書出版的一九六八年。當時發生巴黎五月學運、布拉格之春與金恩博士遇刺等重大歷史事件，那是年輕人佔領各式各樣的傳統空間，顛覆街頭，將革命狂歡化等扭轉各種內外在空間的反叛年代。《空的空間》的出版，恰好與當時的時代精神相呼應，也成為劇場界裡的一九六八。當然，一個巴掌拍不響，同一年出版的劇場名著，還有葛羅托夫斯基《貧窮劇場》的英語版，彼得．布魯克並為該書寫序。也就是說，除了進過劇場的少數觀眾之外，那些追求解放社會的人，都可以透過閱讀這兩本著作而感受到一種新的劇場革命時代來臨，成為未來推波助瀾的潛在觀眾。

在《空的空間》之後

在完成《空的空間》之後，彼得．布魯克轉戰到巴黎，在巴黎成立「國際劇場研究中心」（Centre International de Recherche Théâtrale），進行了一段實驗期間與非洲演出之旅，最後在原本要廢棄的北方滑稽劇場（Théâtre des Bouffes du Nord）定居下來，將他人生下一個三十年的劇場實踐，奠基在這個空間所帶來的種種潛能上頭，也呼應空的空間的美學實踐。

這多少有些命運巧合，畢竟他會想待在巴黎，主要是因為葛吉夫指定傳人珍妮．莎茲曼夫人（Jeanne de Salzmann）當時人在巴黎，而他的內在動力是要去追隨精神大師，最後導致的結晶，則是以葛吉夫著作改編的電影《與奇人相遇》。

當然，巧合還不僅於此，北方滑稽劇院的內部空間，恰好是一個圓形，這個伊莉莎白時代的莎士比亞環球劇場的空間特色不謀而合。於是藉著當下的條件，彼得．布魯克才一步步真的在劇場中實踐空的空間的看法。我們可以在布魯克長期合作的空間大師勒加（Jean-Guy Lecat）所著的《開放的圓圈：彼得．布魯克的劇場環境》（*The Open Circle: The Theater Environment of Peter Brook*）一書，比較清楚看到這段空的空間之旅是如何在特定的環境中逐漸發展出來。

《空的空間》光靠標題與第一段話，就已經對當代劇場產生革命性的影響。許多人都因為這本著作而意識到，劇場的本性並非是華麗的建築或是佈景，而是任何空的空間都可以進行演出。

當然，彼得．布魯克對空的空間的具體實踐與詮釋是後來的事。但是空的空間依舊是顆燦爛的照明彈，讓很多人立刻看到空間的演出的多種可能性。他們不需更多理論裝置來確定位置，光是一個概念啟發，就足以激發創作者去尋找寶物。於是這種演出空間紛紛的創作能量釋放出來，而英國人對同胞彼得．布魯克的看法，又吸收得特別快，因此針對各種非正式場地的特定場域劇場（site-specific theatre），在英國的實踐又特別活躍，然後才又傳播到其他歐美國家。

在內容上來說，《空的空間》還有許多珍寶被不同的創作者或理論家挖掘出來。首先是排練方法，彼得・布魯克在這本書中，強調了排練對演出的重要性，他在書中不吝介紹他所發展出來的各種劇場遊戲，雖然他不斷強調這些遊戲不能被普遍使用，但這些練習還是擴散開來，最後成為現代劇場的各大工作坊中不斷地被實踐著。自然，在《空的空間》最後的結論裡，彼得・布魯克本來就明確強調戲劇即是遊戲的觀念。

不過，最重要的還是工作坊的作用。在工作坊中進行各種排練、實驗與即興，對導演與演員來說，都是難能可貴的工作方法，因為它讓可能性與默契都在過程中自然形成，這要比按部就班的案頭讀劇與導演一手全盤掌控更能獲得布魯克的青睞。而這些方法又透過參與過彼得・布魯克工作坊的創作者而擴散。例如英國布拉德福德藝術學院（Bradford College of Art）教書的亞伯特・杭特（Albert Hunt）參加過《US》的集體創作，之後他又把彼得・布魯克的一些排練技巧帶到學院裡。在美國前衛劇場地位崇高的瑟班（Andre Serban），他於一九七〇年代與布魯克有多次合作，後來他在哥倫比亞大學教書，對彼得．布魯克訓練方法於美國的推廣，有一定程度的推波助瀾。最後，我們不能忘記彼得．布魯克於一九七三年在紐約布魯克林音樂學院開設工作坊，過程不但被錄影下來，又來以《空的空間》（*The Empty Space*）為名發行錄影帶，讓全球許多藝術圖書館的爭相購買，更擴大對彼得．布魯克的接受層面。

在對待觀眾方面，當代劇場也同樣受到彼得．布魯克所提供的實驗成果的衝擊，在此舉兩個例子。首先是《安徒生計畫》的加拿大導演羅伯．勒帕吉（Robert Lepage），他就曾經引用本書中提到的「j'assiste à une pièce」（我看一齣戲）的法文例子，來說明觀眾看戲對演出的「幫助」（assist）。勒帕吉特別喜歡將正式演出視為排練過程的一部分，並積極回應觀眾的看法，然後在演出過程中不斷依觀眾意見修改。這也可說是布魯克觀念的具體實踐。此處可以順帶一提，如果說勒帕吉是將對觀眾的重視拉到正式演出之後，那麼布魯克則是把對於觀眾的臨門一腳提早到正式演出之前。他在一九七〇年代初期發展出一種方法，就是在排練到一定完整程度時，會去找一群小學生，然後將戲演給他們看，並以他們的反應的作為修改的重大參考基礎。而此方法他一直到一九九〇年代都還在沿用。另一個例子是在理論層面，當代劇場觀眾研究最重要著作的《劇場觀眾：生成與接受的理論》（*Theatre Audiences : A Theory of Production and Reception*），作者貝妮特（Susan Bennett）就多處提及彼得．布魯克在《空的空間》的相關實踐與觀點，並認為《空的空間》一書對劇場觀眾本性與角色的認識，有個啟發性的作用。

最後是莎士比亞，且不論彼得．布魯克在一九六八年執導的《李爾王》與一九七〇年《仲夏夜之夢》對現代莎劇製作的開創性影響，任何讀過《空的空間》的人都會有一種強烈的感受，即是本書其實是在講莎士比亞的現代性與永恆性。書裡有許多練習與討論都是圍繞著莎劇出發。而這只會激發其他劇場創作者，為了能得到和彼得．布魯克一樣的創作能量，他們自然會回到莎士比亞這個能統一神聖與世俗又永遠可以當下的戲劇泉源。

如果回顧一下，目前為止，彼得．布魯克真正以自己名義出版過幾本著作，我們發現一開始是《空的空間》，再來是一九八七年《變動的觀點》（這是收錄一九四六到一九八七年的文集），接著是《開放的門》（*The Open Door*）（1995），我們都還可以感受到葛吉夫的影響，一種類似強調不斷保持覺知的新世紀宗教精神。所以要空，不要固定，要保持開放，沒有不變的答案或概念，永遠是一種探索，冒險，旅行。可是到了一九九八年的一本小書《喚起莎士比亞》，彼得．布魯克還是不免露了餡（不知是有意還是無意），莎士比亞才是瀰漫在空的空間當中，那個看不見的無形之物，那通往探索、冒險與旅行的一扇門。也因為有了莎士比亞這個活水源頭，才讓彼得布魯克的當下劇場，不會變成一種空洞的混亂或是直覺的瞎猜。

不論莎士比亞是否能成為我們的活水源頭（小心水土不服），至少他展現了傳統如何成為創作的生命力來源，並親身示範如何賦予作品生命力。《空的空間》所能給我們的啟示，不只是外在的空的空間，更是一種內在的空的空間，如同他在自傳《穿梭人生》（*Threads of Time*）說的：「必須回到零點，人們得在自己內在清理出一個空的空間。」彼得．布魯克交給我們的是任務，不是答案。

017

當代城市的展演力量

位於漢堡的易北音樂廳，因為建築工法困難，多次延宕，爭議不斷。在花費當初預算十倍的八．四三億美元，經歷十年興建後，終於在二〇一七年初落成，立即成為旅客趨之若鶩的觀光勝地。城市在競爭文化資本時，為了能更具有優勢，去蓋一個紀念碑式劇場，創造城市地標，已是當今全球各大都市普遍採用的發展策略。

劇場與城市文明之間一直有著密切關係。從古希臘的雅典阿波羅劇院在衛城所佔據的顯著面積，與民主制度的關係，以及悲劇對西方文明的影響，即可看出端倪。不過劇場（theatre）一方面可以指稱戲劇演出活動，一方面又代表了實體的劇院，這樣的雙重複雜性，讓劇場與城市的關係，處在藝術、政治、社會學、建築學、物理學與都市規劃之間的交錯點上。

百老匯的形成，光看表面的劇目是不能得到事情的全貌，而是要遵循簡．哈蔵（Jen Harvie）在《劇場與城市》[17]所提倡的文化物質主義分析，去理解這些劇院從二十世紀初至今在紐約都市化進程的狀況，才能明白即使像《獅子王》這樣的暢銷音樂劇出現，除了創作之外，還需加上劇院擁有者與市政府之間通力合作，改變區域治安生態，安撫投資者（迪士尼），才有可能誕生。

劇院建築不能憑空想像，受到建築工法的限制與推動。當年歐洲大劇院的興建潮，有一個重要條件是工業革命，像鋼筋混凝土於十九世紀中葉的發明，即讓能容納更多觀眾的大型建築得以可能。維也納歌劇院（1869）、巴黎歌劇院（1875）、布拉格國家劇院（1883）等城市地標，都建於十九世紀下半，就不會只是巧合而已。

劇院因為不服務實際的居住效果，加上這些劇院的興建時，可能同時必須作為城市形象或國家認同的載體，往往具有表演建築（performing architecture）的特徵。金碧輝煌的布拉格國家劇院，其誕生是當時還被奧匈帝國統治的捷克，希望在德語演出的劇院外，布拉格能有一家專門以捷克語演出的劇院。在國民樂派作曲家史麥唐納等文化領導者的領軍下，號召民間捐款而完成的建築，劇院內外充滿了各種認

17《劇場與城市》（*Theatre & the City*），耿一偉譯，書林出版有限公司，2018。

同象徵，如民族神話或藝術大師的雕像等。

作為城市生活的亮點，劇場興建背後動力通常是城市財富的展現，但興建時土地的取得，往往成為問題的關鍵。本書作者對此採取批判立場，對那些一頭熱的城市領導者與管理階層，是一個重要提醒。時代在進步，任何一項措施的實踐，不論立意如何良善，都不能建立在犧牲弱勢的條件下，而是要公開並取得社會共識。

政治觀念的改變，也影響了劇院設計。過往菁英主義式的富麗堂皇，轉化成更親民更具有更公共性的空間設計，劇院不能只是有閒階級的社交展示場，即使沒有預算買票進場的民眾，也要有使用劇院空間或是觀賞公開排練的權利。藝術家亦不能老是採取啟蒙大眾的高高在上心態，節目需顧及與在地社區的對話，尊重多元價值。當然，這樣的立場與百老匯不同的原因在於，這些劇院都是公立劇院，而不是私人經營。既然經費來自納稅人，就不能只服務少數人的品味，而需有更全面甚至共融（inclusive）的規劃。

法國關於地方分權（décentralisation théâtrale）的文化政策，於一九七〇年獲得法律的支持，讓劇場不再只集中在巴黎，而是分散到其他城市，許多國立戲劇中心（Centre dramatique national）甚至建立在移民區為主的市郊，希望能透過劇場來轉化社區。但即使動機良善，看戲的卻往往還是那一批來自市中心的觀眾，對當地居民來說，這些美麗的建築只是不相關的日常奇觀。但也有少數成功例子，通常在於藝術總監的決斷力，願意從宣傳到節目設計，積極將在地居民納入，成功轉化劇院形象與社區生活。硬體的建設，若沒有相應軟體的支持，也不過是個蚊子館罷了。

文化物質主義造成一定的發展限制，但事在人為，建築與制度是死的，人是活的。這也是《劇場與城市》除了文化物質主義外，為何要強調展演分析的原因。透過各種具有展演性的演出與事件，劇場可以突破原有物質空間的限制，找到新的表演模式，創造新的社會力量，是這本書所要強調的重點。

《劇場與城市》不是大部頭的著作，但基本結構與內容都相當完備，甚至碰觸到當今最新的沉浸與互動劇場。導論提到澳洲背對背劇團利用耳機在車站大廳演出，或是第三章論及英國藝術家費歐娜．坦伯頓的《YOU-The City》，都讓人聯想到類似《遙感城市》等當代城市漂移，看見專業演出走出劇院空間，進入其他公共領域（public sphere）的介入趨勢。在理論上，劇場與城市所具有的複雜維度，這本書提供了跨學科進路，加上關鍵書目與學者名單，使得不同學科的對話空間得以打開，讓讀者對此議題能有綜合性的基本理解。

在人人使用手機，內容可無限免費下載並進行互動的虛擬科技時代，談劇場似乎有些過老舊，趕不上時下消費潮流。但只要看看現實世界的權力運作，從城市角度觀察，即能發現，劇院的興建量並沒有減少，反而是更多戲劇中心或園區在未來積極規劃著。知名建築大師們，將這些表演建築當作是施展才華的個人舞台，肆意揮灑想像力與創意，卻也因此增加了施工的難度，造成後續完工的困擾。

另一方面，當代劇場彷彿面臨宗教改革，從外在的教堂崇拜，回到每個人的內心——修圖軟體讓每個人都是戴上數位面具的演員，網路直播讓手機變成劇場——美國社會學家高夫曼（Erving Goffman）提出的日常生活中的自我表演，在數位時代變得無所不在。表演分析（performance studies）成了理解時下社會現象的最佳利器。劇場並沒有式微，只是進入每個人的生活，而網路又讓我們重新成為現場觀眾，可以彼此當下互動。

劇場與城市，是攸關我們每一個人的事。

在閱讀《激進美術館學：當代美術館的當代性》[18]的過程當中，我留意到作者在最後一章〈辯證式當代性〉的兩個關鍵段落，都用到跳躍的比喻。第一次是在開始的第一段，作者總結前面三章所提及的三個美術館範例，強調其作用在於：「整體而言，這三座美術館所提出的各種命題，為我們提供了向前躍進的彈簧墊，暗示解決當代美術館私有化問題的發展。」

第二次出現跳躍的比喻時，是援用了班雅明《歷史哲學論綱》第十九條，關於歷史並非線性的同質，而是會如老虎跳躍般跳躍的論斷。作者寫道：「與其屈服於這種現世主義，我們不妨虎躍囊昔，從過去已逝之物來理解我們之日的處境。辯證式當代性因而成為不合時宜的行動，試圖藉由某個相關的過去出乎意料的顯現去重啟未來。」

18《激進美術館學》（*Radical Museology: Or What's Contemporary in Museums of Contemporary Art?*），王聖智譯，一行出版，2019。

018

他不重，他是我兄弟

——當代藝文機構的任務

《激進美術館學》是美國藝術史學者克萊兒・畢莎普（Claire Bishop）繼二〇一二年廣受國際好評的《人造地獄：參與式藝術與觀看者政治學》（*Artificial Hells: Participatory Art and the Politics of Spectatorship*）之後的最新力作。在這本書中，她將火力集中在當代美術館作為一個機構所面對的困境，透過案例分析，提出診斷式的解決方案。書雖然不大本，但是布局完整，字字珠璣，理論密度濃厚，值得慢慢細讀。

我想一般讀者第一個好奇的問題，是這本書是關於什麼？我覺得不妨我們先從結論讀起，畢竟這時候作者要做總結，不像開場總會繞圈子。而且，我們得先留意，克萊兒・畢莎普在結論裡批判了什麼，這勢必就是刺激她寫作的動機。

「新自由主義使文化屈服於經濟價值的做法，貶低的不僅是美術館，還有更廣義的人文科學；如今，這些學科在評估自身時，必須依據各種指標來證明其重要性（以補助金額經濟效益和引用次數作為影響力的衡量標準）。」

讀到這段時，我想任何在台灣從事文化工作的朋友都會心有戚戚焉。特別是許多文化事務需要都透過政府補助，但政府卻根本不重視文化價值，用了很多數據方式來管理，急功好利，卻不知文化價值需要另一種時間觀，特別是「真實的文化則在一個較緩慢的時間架構中運作」。在這個時候，我們才能明瞭為何結論這一章的標題是〈辯證式當代性〉。因為當代美術館在面對的，不論是傳統、現代、後現代或當代，都是一種處理時間／歷史的問題。

對克萊兒．畢莎普來說，當下最大的問題，是失去了現代主義那種指向未來的激進態度。她支持德國藝術理論家波里斯．葛羅伊斯（Boris Groys）的論斷，認為「靜滯乏味的當下已取代未來導向的現代主義（我們被困在一個不斷自我複製但卻未指引任何未來的當下）」。但是她也不是樸素地馬上回到歐洲中心的現代主義，而是隨即在第三章〈論說「當代性」〉檢討了西方現代主義概念的不足，必須還原到在地的歷史脈絡去理解。時間／歷史的問題，就是「任何當代藝術做斷代的企圖註定是一場徒勞，無法涵蓋當代藝術的全球多樣性」。

當然，要扛起被新自由主義所扭曲的當代文化，這個責任不可謂不大。當代美術館如果夠激進，似乎得在一開始就要清楚這個總體目標。但真得做得到嗎？我想這是任何讀者在閱讀《激進美術館學》的時候，心中不免會出現的疑惑。

如同本文一開始提到的跳躍的比喻，將這種介入式的態度，視為一種改變當下的起點。這也是在最後一章，她會頻頻引用班雅明的原因，畢竟班雅明提供了某種跳脫傳統歷史觀的想像。在提到歷史可以透過虎躍而被辯證式的超越之後，班雅明在《歷史哲學論綱》第二十條的開頭，強調「炸開歷史連續統一體的意識，是革命階級在行動當下所具有的特點……」如果將這段話連結到本書，這背後所蘊含的潛台詞，是當代美術館的功能，在於炸開被新自由主義所主導的意識形態，讓歷史可以流動，讓看不見的過去得以浮出水面。

克萊兒．畢莎普站在班雅明的肩頭往前跳，但她敏銳感覺到全球化的當代所面對的新挑戰，已經有別於班雅明的時代，並於第二章〈當代美術館〉解釋道：「我所謂的辯證當代性則試圖以更具政治性的視野來處理時間的多重性……本書的視線始終聚焦在未來：終極目標是瓦解此時此刻的相對多元主義（relativist pluralism），打破其中認為所有風格與信念具有同樣效力的想法。」

在導論的一則註腳中，我們可以讀到克萊兒．畢莎普破解相對多元主義的思想來源。她參考了美國哲學家巴克莫斯（Susan Buck-Morss）的著作《黑格爾、海地與普世歷史》（*Hegel, Haiti, and Universal History*），主張個別事件背後可以有普世性關聯，比如納粹對猶太人屠殺不只是德國歷史，也是人性災難，但又小心翼翼地「未把普世性詮釋成包容性（inclusivity）（也就是把萬物納入同一敘事），而是以普世作為對歷史的方法論式干預」。克萊兒．畢莎普的態度很明顯，她想避免後現代主義無力的嬉鬧，卻又不想落入某種形上學的威權，於是採取了一種我認為是更具有述行性（performative）的態度，讓理論成為一種召喚，讓行動成為證明。

這也是為何，《激進美術館學》全書共七章，其中卻有三章是美術館的個案討論。換言之，這三座美術館能夠成為範例，在於它們「以啟發式的視角重新思考當代藝術。這種重新思考是由今日社會上與政治上的急迫感所驅動，並以特定的民族創傷為特徵」。只要站在被忽略、被邊緣化與被壓迫的人們的角度，去「再現他們所關切的事物和經歷」，這才是事情的關鍵，至於過程中所觸及的是全球化或在地化的路線，都是假議題。

本書談討的三個美術館各有旨趣與創意。第四章探討荷蘭的凡艾伯當代美術館（Van Abbemuseum），把自己的館藏當作臨時展的素材，進行各種打亂傳統編年史或斷代史的策展實驗。第五章展示了西班牙的索菲婭王后國家藝術中心博物館（Museo Nacional Centro de Arte Reina Sofía），如何正視佛朗哥統治政權與殖民罪責，將館藏視為文件而非寶藏，透過展覽進行自我去殖民化的教育過程。第六章則聚焦斯洛維尼亞的梅特瓦柯當代美術館（Muzej sodobne umetnosti Metelkova），這個美術館以檔案角度利用有限館藏，反省複雜的東歐歷史與民族衝突。

不過，這三個機構所嘗試的，都不是一件易事。經營美術館不是寫文章，不是請客吃飯，好像一切都只是個人主張，可以隨個人意志為所欲為。作為「能夠協助我們集體去感知與理解的」藝文機構，需要大量的資金才有辦法經營，受到資金提供者如議會或董事會的監督，還有媒體與納稅人的牽制（後者往往透過免付費電話一九九九）。如果這些資金不是來自公部門（抱歉，請拿出KPI），私人企業（抱歉，這背後可能有藝術市場的操作），不然就是票房（抱歉，民眾只對娛樂型的展覽有興趣）。於是，這又導致一個新現象，如同本書第二章〈當代美術館〉所點出的：「這種私有化的過程是以崇尚知名建築師所設計的獨特建築為其視覺表現……象徵它們的新穎、時髦、吸引力、完美設計，以及在經濟方面的成功。」

如果沒有館藏，就先用美術館建築來吸引觀光客吧？這大概就是台灣與當今許多全球城市會爭先恐後地興建各種奇觀美術館建築，這些掌權的政治人物背後的思維吧？這些美術館不過是城市為了顯示身分的名牌包，裡面放什麼並不重要，如何快速累積文化資本進而轉化成經濟資本，才是最終目標。

幸好不是所有人都只知道向錢看，只想發大財。今年九月初，三年一度的國際博物館協會（International Council of Museums, ICOM），於京都舉辦三年一度的大會，並在最後一天針對新的博物館定義進行決議。雖然最後結果是暫緩投票，擇期再舉行。但京都大會的新定義是經過會員提案產生，也呼應了《激進美術館學》所主張的介入性觀點，已成為當代博物館的最新共識。這個新定義提到：「博物館是用來進行過去和未來思辨的對話空間，具有民主性、包容性與多元性。博物館承認並解決當前的衝突和挑戰，為社會保管藝術品和標本，為後代保存多元記憶，保障所有人享有平等的權利和平等看見文物的權利。」

解構主義大師德希達（Jacques Derrida）曾談論眼睛與身體的關係，他提到身體會衰老，不復當年，但眼睛卻具有童貞性。即使臉型與身材都改變了，我們還是可以從對方的眼神中認出當年的那個小孩。或許當代美術館就像是社會的眼睛，我們可以從中看到過往不變的理想與初衷。如同本書第三章提到「藝術家或許可以幫助我們一瞥某種旨在思考這個世界的計畫結構」，當代美術館必須保有這份童貞的眼光，協助我們看出如何跳脫進步或是勝利者框架的歷史觀，越過當下的困境，創造未來。

而閱讀《激進美術館學》，則是準備起跑前的暖身動作。

019

劇場是一本由觀眾參與書寫行動的書

一九八一年九月十四日發行的《紐約雜誌》（*New York Magazine*），有一篇全版報導，大標是：「導演劇場」，副標是：「今年的亞維儂藝術節的《李爾王》很清楚地宣告導演劇場已席捲全世界。」整篇劇評所討論的，即是丹尼爾．梅古奇（Daniel Mesguich）於一九八一年在亞維儂的執導作品，評論者強調「梅古奇現年二十八歲，是出生於阿爾及利亞，是藝術界的壞孩子（enfant terrible），也是劇場導演維德志（Vitez）的弟子」。

在《短暫的永恆：丹尼爾．梅古奇的導演絮語短暫》[19]這本書中，梅古奇也提到一九八一年演出時，現場觀眾群起抗議，「他們看上去像是一群瘋子：他們粗暴站起，他們狂吼著……甚至造成一些傷者。」能在亞維儂引發騷動的作品向來不多，醜聞的另一面，在藝術史上往往

19《短暫的永恆：丹尼爾．梅古奇的導演絮語》（*L'éternel éphémère : suivi de sacrific par Jacques Derrida*），洪儀庭譯，書林出版有限公司，2019。

也是經典誕生的時刻。所以梅古奇很早就獲得國際聲譽，接下來十年，梅古奇的莎士比亞製作聲名遠播，甚至探討英國之外莎士比亞演出製作狀況的著作《外國莎士比亞》（*Foreign Shakespeare*, 1993），美國知名戲劇學者馬文・卡森（Marvin Carlson）還將梅古奇視為當時法國最重要的莎劇導演。

知名的學術出版社羅特里奇（Routledge）於二〇一〇年出版《當代歐洲導演》（*Contemporary European Theatre*）是近年來最具權威的選集，提供一份對從西歐到東歐的當代劇場導演的代表性名單，裡面收錄討論十八位導演都是一時之選，年輕點有德國的歐斯特麥耶（Thomas Ostermeier）、英國的凱蒂・米歇爾（Kate Mitchell）、義大利的卡斯鐵路奇（Romeo Castellucci），年紀較長的則有陽光劇團導演莫努虛金（Ariane Mnouchkine）、德國導演卡斯托夫（Frank Castorf）、俄國導演多金（Lev Dodin），梅古奇當然也列名其中。不過，梅古奇不是只有執導莎劇而已，在《當代歐洲導演》中，作者特別將他於二〇〇二年執導的莫里哀的《唐璜》與二〇〇六年的克萊斯特《洪堡王子》，視為他近期最值得推薦的作品。

多才多藝的梅古奇年輕時就讀巴黎索邦大學哲學系，可能是這份經歷，加上阿爾及利亞的背景，讓他與同樣出生於阿爾及利亞的解構主義哲學大師德希達成為好友。德希達不太愛看戲，但如果會看戲，就是好友們的作品。二〇一〇年出版厚達近七百頁，由伯努瓦・皮特斯（Benoit Petters）撰寫的《德希達傳》（*Derrida*）中提到：「當然，他關注朋友們的戲，比如海倫・西蘇（Helen Cixous）的劇作、丹尼爾・梅古奇的製作、南希（Jean-Luc Nancy）與拉巴特（Philippe Lacoue-Labarthe）參與的戲，但這更多是出於友情而非真正的興趣。」

既然對戲劇沒有太大興趣，排除他最出名的《殘酷劇場與再現的關閉》（1966）一文不算，德希達因觀看梅古奇演出而寫就的兩篇文章，成了這位哲學大師少見對當代劇場的思索痕跡。第一篇是他於一九八六年觀看梅古奇執導的《羅密歐與茱麗葉》後，所寫的《不合時宜的格言》（*Aphorism Countertime*），該文後來收錄在《文學行動》（*Acts of Literature*, 1992）一書。另一篇則是收錄在本書的《犧牲》。

很明顯，我們作為中文讀者，應該很少人真得有機會親眼看過梅古奇的戲，但這本書也不是梅古奇的作品解讀。對當下的台灣觀眾來說，對這些傳奇演出的介紹或是風格描述，並不是我們需要閱讀梅古奇的理由。而是他作為一位才華洋溢的創作者，透過書寫對於劇場本性進行的種種思考，吸引了作為讀者的我們。梅古奇的思考是如此深入，跨越許多人未曾觸及過的邊界，甚至是空白之處。

《短暫的永恆》的書寫並非是線性的，梅古奇在一開始提到「這本書不是一本書，它是一張網，一條穗辮，有時又只是一個簡單的拼貼，由別人寫得不同書頁組成」。德希達所謂的延異（différance）在本書各處起著作用，每一段思索結尾屬於邊緣的補充訊息，在下一段又成為主要的核心議題，甚至進而顛覆了之前的說法。這種延異的思考，不讓結論快速出現，而是不斷往後推遲，不斷展示我們習以為常的看法背後所隱藏的各種矛盾及不一致。

在《短暫的永恆》中，有一個主要反覆討論的思考值得先點出來，即是劇場是否是一種書寫，一種文本，一種閱讀？梅古奇說：「劇場是一本由觀眾參與書寫行動的書。因此是一個劇場對於整體的渴望，希望整個過程都被納入，為了讓另一個人去讀它。另一人去填滿整體還缺少的部分。」

但我們在閱讀劇場時，我們是在閱讀什麼呢？文字嗎？還是劇場上每一個存在，不論是對白、道具或表演都是符號？於是梅古奇又思索了符號的問題：「在舞台上，一隻真的馬是馬的隱喻，這是一隻活生生的馬，就在那兒，在舞台上，不是一隻馬：牠代表了另外一隻馬，一隻真的馬。」在這裡，梅古奇的意思很清楚，劇場不是現實，而是我們藉以認識真實的工具，即使是一隻真正的馬站在舞台上，這隻馬也是用來代表故事中的馬，而不是牠自己。

就這樣，一個問題接著一個問題，符號的解讀帶來身體的問題，身體牽涉到排練，這又帶來演出是否有完美這件事……等等。如同觀眾在劇場觀看時，是開放式的一覽整個舞台，燈光、語言、姿勢、走位都在同一時刻發生，梅古奇對這些問題的討論也是在同一時刻交錯。《短暫的永恆》在書寫上做了有趣的嘗試，讀者會發現梅古奇經常在每一段的標題上寫著「旁白」、「旁白中的旁白」、「悄悄說的旁白」等標示，這就意味著，這些話語應該是同一時刻出現的（雖然排版與閱讀上是在下一段）。這樣的書寫策略，也暗示著這些聲音彼此之間地位平等，這不是一種邏輯順序的線性思考，而是本書也提到的，這是一個剝洋蔥的過程，每一層洋蔥皮都是一樣重要。

梅古奇與我們分享他是我們如何思考，邀我們同行，而不是單純接受事情的表象。他沒有要給予讀者答案，或是關於劇場美學的絕對立場，而是希望讀者在閱讀的過程當中，逐漸找到自己的詮釋觀點。這種孤獨的讀者，也是梅古奇心中理想的觀眾，所以他說：「從某個意義來說，觀眾是『法西斯』的。觀眾作為一個群體之時永遠是倒退成長的，雖然理論上，觀眾在個體的孤獨中，是傾向於傾聽、分析、開放、富有夢想的……」

《短暫的永恆》這本書讓我想起尼采的《快樂的知識》，都是用格言及片段式文體所書寫的哲思著作，文筆優美，充滿大量精巧而動人的比喻，是文學、藝術與哲學的綜合體，梅古奇說：「於是我們得以發覺文本空白處的隱形文字。書本是子音，而劇場空間是書本的母音。」

梅古奇抗拒體系化的描述，卻不斷打開我們對劇場的聆聽，這種終究是培養一種閱讀的詮釋能力，也是劇場最重要的能力，他強調：「劇場不可能只展現客體或氣力。它首先展現的，是閱讀的元素。劇場沒有演員是不可能成立的，因為沒有閱讀劇場之人，劇場不存在。讀者讓劇場有空間，生成其臉龐、及形象。而閱讀是演出的表情。」

如果劇場就是閱讀，那我們可以從《短暫的永恆》開始練習這種特殊的閱讀。

020

作為藝術／政治事件的華格納

美國導演昆汀・塔倫提諾二〇一三奧斯卡最佳劇本獲獎影片《決殺令》（*Django*），背後隱藏著《尼貝龍指環》的背景故事。原是黑奴的決哥，被德裔賞金獵人舒華茲醫生所解救，而決哥的妻子也在奴隸市場被賣走。當舒華茲聽到決哥的老婆叫「Broomhilda」，他大為一驚，表示這是定數，因為這個名字是一個德國傳說的女主角，他身為德國人，他一定得幫決哥救老婆。決哥不解，問這故事為何，舒華茲隨即簡單講述了《齊格飛》故事大綱，也就是齊格飛去拯救被關在火牢的布倫希爾德（Brünnhilde）的事蹟。熟悉指環系列的觀眾，此時就能明瞭，當決哥到糖果樂園首度發現他太太在那裡時，為何她是從地下鐵籠被喚醒；也才有辦法解讀導演在電影結尾時，要在熊熊烈火的背景中，安排決哥與太太遠走高飛的用意——因為這都與歌劇《尼貝龍指環》相關。

實際上，《決殺令》幾乎可被視為另一種華格納的樂劇，片中配樂的重要性不下於畫面與對白（尤其是歌曲部分），呼應了華格納將戲劇視為陽性原則，音樂作為陰性原則的觀念。在指環系列中，齊格飛原是無知少年，在《決殺令》中，決哥是識字不多的文盲，但經過舒華茲的啟蒙，成為快槍殺手，而舒華茲也是協助決哥找到他太太的關鍵人物。舒華茲在指環的對應角色是眾神之王沃坦，他們都有機巧的性格。

昆汀．塔倫提諾厲害的地方，在於他逆轉了華格納所推崇的德國神話，將白人英雄救美的情節，改成黑人決戰由一大票白人所組成的巨龍。我們沒有必再這裡做更多《尼貝龍的指環》與《決殺令》的比較，只想指出，華格納的作品早已融入西方通俗文化（更別說《尼貝龍指環》與小說《魔戒》之間的內在關聯了）。

二〇一三年為華格納誕生兩百周年，相關活動不只在德國舉行，如巴黎國家歌劇院（Opéra National de Paris）於六月推出指環藝術節（RING 2013 FESTIVAL），要在九天內一次演完《尼貝龍指環》；倫敦有華格納兩百的慶祝活動（www.wagner200.co.uk），於巴比肯藝術中心、皇家歌劇院等場地舉辦為期八個月的演出活動；紐約大都會歌劇院早在二〇一〇年就開始為了兩百周年暖身，花三年時間陸續演完由加拿大導演勒帕吉（Robert Lepage）執導的《尼貝龍指環》；遠在澳洲南部的阿德萊慶典中心（Adelaide Festival Centre），策劃了展覽《指環與我們》（The Ring and Us）；東京文化館主辦的「東京・春・音樂祭」，亦推出華納格紀念系列，活動從《帕西法》、《羅亨格林》、《唐懷瑟》、《紐倫堡的名歌手》直到二〇一四年的高潮《尼貝龍指環》；布宜諾斯艾利斯最知名的哥倫布劇院（Teatro Colón），搶先在二〇一二年底製作了七小時濃縮版的《尼貝龍指環》……等。

至於在台北，從二〇一三年至二〇一四年，至少有三場大型活動與華格納兩百周年相關，分別是二〇一三年七月由國家交響樂團（NSO）製作的歌劇《女武神》（由曾任華格納孫子韋藍德〔Wieland〕與沃夫岡〔Wolfgang〕於拜魯特藝術節總監期間助理的導演雷曼〔Hans-Peter Lehmann〕執導）、八月臺北藝術節以總體藝術概念出發的跨國製作《華格納∞》（有歐洲知名女演員提斯瑪〔Anne Tismer〕、西門子音樂獎德國作曲家加根〔Moritz Gagern〕與作家陳玉慧的參與）及二〇一四年將以舞台劇呈現的《華格納革命指環》（由河床劇團、黑眼睛跨劇團、Ex-亞洲劇團、再拒劇團分別演出四聯劇）。

總之，不論從什麼角度，我們都不能迴避華格納。所謂不能迴避，不只是他的歌劇、音樂或總體藝術觀念，同樣也包括希特勒對華格納的崇拜，以及華格納的人格缺陷。按照當代法國哲學大師巴迪歐（Alain Badiou）在《關於華格納事件的五堂課》（*Cinq leçons sur le 'cas' Wagner*, 2010）一書的作法，他將華格納視為事件（the event called Wagner）——在一個事件中，起源與過程都同等重要，就如同結婚是一個事件，從求婚到歸寧，都包含在這個事件當中。事件本身，同時意味著這是一個超越日常生活的活動（吃早餐不是一個事件）。事情不論好壞，都會被一個事件所包納，而事件永遠會伴隨不可預知的意外。

華格納在音樂、藝術觀念、人格與政治上，構成了一個藝術／政治事件。捲入這個事件的，從無政府主義者巴枯寧、尼采、希特勒到巴倫波因，全部都是華格納事件的一分子。以電影《決殺令》與華格納兩百周年各大城市的慶祝活動來看，華格納事件的強度與密度，在二〇一三、二〇一四年有飆高的趨勢。

用事件這個觀念看待華格納的最大好處，是不需要以簡單的二分法來拒絕或接受他，反而要求我們去正視他與環繞在他四周的現象。這些重要的問題，包括人格與音樂的關係（學音樂的小孩真的都不會變壞嗎？），華格納藝術觀念在當代的意義，《尼貝龍指環》是否能繼續承擔詮釋當代人的生命困境，藝術與政治的關係……等等。

《未來藝術革命手冊》[20]這本小書，雖然沒辦法解答這些問題，來自台灣與德國的三位作者，都試圖以華格納為思索起點，給與一定的回應。除此之外，我們也收錄了華格納自己的文字，在〈未來藝術作品綱要〉中，讀者會發現，早期華格納對藝術的觀點相當有遠見，不論是他對藝術商業化的批判，反對分割人類自由表現天性的總體藝術概念，或是藝術應普及大眾的想法，這裡所呈現的華格納，是一個充滿理想主義的華格納，而至少這個華格納，是我們可以去擁抱的。最後由我與鴻鴻整理的關鍵文詞、名人看華格納與華格納事件年表，則採用較功能式、趣味性的編輯手法，希望能讓讀者快速掌握華格納事件的全貌。

華格納脫離不了他的時代，他話語經常圍繞在未來、總體與革命這三個語詞上；同樣的，我們這個時代，也有常用的三個關鍵詞——永續、多元與創意。其實這兩組概念，範疇類似（未來／永續、總體／多元，革命／創意），只是側重不同。當我們意識到華格納的思考與創作侷限時，不要忘了，我們視野同樣受到當下環境的影響。藝術家的任務，是不要去盲從，而要像尼采在《華格納事件》建議的：「在他身上克服自己的時代，成為無時代的人。」

20 耿一偉，《未來藝術革命手冊》（*Nostalgia for the Future: A short introduction to Richard Wagner*），黑眼睛文化，2013。

021
當下的開放

《開放的門》[21]（*The Open Door*）最早於一九九三年在英國出版時，當時書名原是《沒有祕密》（*There Are No Secret*），後來一九九五年於美國出版時才改成現在的書名。《沒有祕密》出自本書第三部的篇名，也是這本書的最後一句話。或許從這裡開始，我們找到一扇門，逐漸進入這本書的世界。

首先，我們必須留意到，《開放的門》這本書的內容都是由講稿所構成。其實，除了回憶錄《穿梭時光》（*Threads of Time*, 1988）之外，其他三本掛名彼得・布魯克的著作，從《空的空間》（1968）、《變動的觀點》（*The Shifting Point*, 1987）到《喚起莎士比亞》（*Evoking Shakespeare*, 1998），這裡頭沒有一本是專著，幾乎都是講稿或訪談內容的集結。演講和訪談都有一個特色，即現場的活潑性。這種對當下

21《開放的門：對於表演與劇場的思考》（*The Open Door : Thoughts on Acting and Theatre*），陳敬旻譯，書林出版有限公司，2009。

的重視，向來是布魯克劇場觀念的特徵。彼得．布魯克不論在接受訪談或演講時，總喜歡將焦點放在當下他與聽眾的交流現況上，即使在這本書一開始，我們就看到他如何在現場演講的經驗中，得到「空的空間」的啟發。至於第二部〈金色的魚〉，雖然是預先寫好的講稿，我們依舊可以發現，彼得．布魯克依舊提醒聽眾區分寫作當下與演講當下的不同。

這種對現場當下的交流，使得《開放的門》的文字充滿一種活潑性，有時會跳開話題，有時會重複一些說法，這都是為了保持現場的生動性所做的權宜之計。如果我們試圖在這些特定交流條件下的內容中整理出體系或結構，斤斤計較於文字概念，我們勢必會迷路。唯一的辦法，就是多多閱讀他的作品，經常看戲，帶著疑問，多所咀嚼，隨著個人經驗的成長，自然會在這些多樣的具體細節中體會到答案。

如同他在最後一部的〈沒有祕密〉結尾告訴我們的，根本沒有祕密，只有過程。如果我們願意傾聽，開放自己到實際追尋的歷程中，我們最後會知道，在與細節相處的過程，形式會自動浮現。所以〈沒有祕密〉裡，布魯克以製作《暴風雨》（1989）的經驗為例，解釋一齣戲的形成，其實是不斷試誤和釐清所導致的結果。

他反對帶著預定概念投入劇場的排練工作，而是要先用直覺和作品打成一片，玩成一片，然後才進行理智的釐清工作，自然而然的，最佳的形式最終有可能會在空無中浮現。至於過程中的矛盾、痛苦，則都是必經的歷程。創作者甚至得學習接受，即使自始自終都是十分努力，最後還是有可能落得失敗的下場，你只能怪運氣不好。劇場本來就沒有什麼可以保證，沒有什麼是永恆，只有當下。如果理解這個觀念，就能明白，為何布魯克曾在其他場合表示，一座劇院可用一輩子，已經是夠久的。

有一個隱喻是彼得．布魯克非常喜歡使用，他在排練《摩訶婆羅多》（*Mahabharata*, 1985）時曾對日本演員笈田勝弘曾說過，我們可以在後來二〇〇二年紀錄片《布魯克談布魯克》（*Hamlet By Brook / Brook By Brook*）中，見到布魯克又提起這個說法。布魯克解釋劇場就像是在踢足球，故事就是那顆球，演員就是說故事的人，也就是球員。球員必須時時刻刻緊盯著那顆球，因為它隨時都有可能傳到你身上。換句話說，踢足球所具有的緊張性與動態性，是布魯克心中劇場應有的表現。既然是踢球，即使你再優秀，也沒見得每次都會贏，去年冠軍也不保證今年的奪冠。你只有持續練習，在球場上面對每一個當下，針對每一分鐘的變化去做最佳表現。不懂得因地制宜，死守特定戰術的球隊，最後只有輸球的份。

既然一切都是當下，傳統的意義何在？如果我理解的沒錯，彼得．布魯克並沒有排斥傳統，但是他拒絕對傳統毫無理解的全盤接受。他在〈無聊的狡猾〉中，對於這種僵化的表演多所批評，因為它的形式缺乏生命力，缺乏演員用他當下生命經驗去回應的生動感。理解這個態度，就能明白，為何在排練《摩訶婆羅多》的過程中，團員雖被要求學習印度傳統舞蹈卡塔卡利（kathakali），布魯克卻拒絕將程式化表演直接帶上舞台。

許多人都對《摩訶婆羅多》的跨文化主義多所批判，並援用一些印度學者的說法。我們卻很少在這些文章中讀到平衡報導，或引用布魯克對這些批評的回應。其實，彼得．布魯克並沒有將他自己捲入這些學術論爭，而以他晚年的行動實踐，如非洲劇作家《沃札．亞伯特！》（*Woza Albert!*, 1989）、《情人的西裝》（*Le Suit*, 1998）與《希茲威．班西死了》（*Sizwe Banzi Is Dead*, 2005），伊斯蘭教議題的《提爾諾．波卡》（*Tierno Bokar*, 2004）與《11與12》（2009），源自印度的《黑天之死》（*La Mort du Krishna*, 2004），還有他長期對非西方演員的支持，來說明自己對普遍性的追求，已經超越別人套在他身上概念框框與價值判斷。

我們可以在〈金色的魚〉中，讀到布魯克對這種不同文化之間的交流合作，是能夠超越傳統與現代雙重陷阱的正面態度。雖然他沒有用非常肯定的口吻說，這是唯一解決方式，可是他暗示說，在這些不同文化演員的彼此碰撞中，所產生的形式，是可以訴諸最多觀眾的。他說：「世界的劇場文化中，沒有什麼比不同種族和背景的藝術家通力合作更為重要。當不同的傳統一起出現時，首先會有障礙。透過密切的合作，當發現共同目標時，障礙就會解除。所有人的姿勢和語調會成為相同語言的一部分，在片刻間表達一種共享的真實，並且將觀眾納入：所有的劇場都通往這一刻。」

在〈無聊之狡猾〉中，彼得・布魯克提醒我們，劇場的本質除了當下之外，就是一群人的交流。這群人從一開始就註定是陌生的關係，因為我們沒有辦法對觀眾的背景有所要求。從更深刻的角度來說，演員對自己的內在生命，也是完全無知。於是在演員自己、演員與演員、演員與觀眾之間的交流，就是排練到演出所要達到的目標。

更具體地說，一群來自不同文化的演員之間，彼此理解的過程，最需要的，就是一種開放態度。因為每位演員背後都有他的傳統，我們都要尊重並努力去接受別人的傳統，但我們也要小心，不要將自己的傳統硬生生加在別人身上。如果大家都能採取開放的態度，最後的結果是每個人都更加豐富，而這個團體之間，會形成一種共通的表演語言，對每個人都有效，而且是新的。對布魯克來說，形式的追求，永遠要新，但是這種新不是刻意求來的創意，而是一種根植於神聖與粗俗的生命力，它從傳統吸取養分，卻不限於傳統，由每位演員的當下賦予新生命，並在集體合作的過程中，讓形式從無中生有。彼得．布魯克於二〇〇一年接受波蘭葛羅托斯基中心（Grotowski Centre）的邀請，演講《葛吉夫與演員》（*Gurdjieff and Actor*）時，他提到演員不要執著（glued）。自然，一位不執著的演員，就是懂得開放自己的演員，也是空的演員。

最後我想以當年邀請布魯克加入皇家莎士比亞劇團的英國導演彼得．霍爾（Peter Hall），在日記裡的一句話，來結束這篇文章，他說：「布魯克總是用另一個問題來回答別人的每一個問題。」

022 《海鷗》飛翔的理由，最初與最後

「要活生生的人物！要描寫生活，可不是照它原來的模樣，也不是要照它應該怎樣，而是要照它在夢想中呈現的那樣。」

——特列普列夫，《海鷗》第一幕

我們不應忘記一件事，在成為偉大的劇作家之前，契訶夫是寫短篇小說的文學大師，比如《小公務員之死》（1883）、《萬卡》（1886）、《苦悶》（1886）、《六號病房》（1893）等，都是流傳世界文學史的珠玉。短篇小說的寫作經驗，讓契訶夫學到如何用最精簡的文字傳達最複雜的意義，甚至達到某種前後共鳴的音樂性效果。契訶夫曾說：「寫作的技巧，其實不是寫的技巧，而是把寫得差的地方刪去的技巧。」這就是他從短篇小說的限制得出來的創作智慧。契訶夫後來在寫作劇本時，短篇小說的磨練讓他的劇本能夠具有多層次的語言效果，即使劇情看似平淡

（這也是短篇小說經常會碰到情形），也可以讓觀眾產生強烈的情緒波動。完成於一八九六年的劇本《海鷗》[22]在一開場，小學老師梅德維堅科問女僕瑪莎為何穿黑衣服，瑪莎回答說：「這是為我的生命守喪。我很不幸。」而故事的結局，是男主角特列普列夫的自殺，於是劇本首尾就有了呼應。

《海鷗》的創作靈感，可能源自契訶夫的生活。他的畫家好友列維坦（Isaac Levitan）於一八九四年到莫斯科西北方約兩百五十公里的鄉下一座莊園作畫，認識了一對貴婦母女。之後因為與這對母女的感情糾紛，列維坦開槍自殺未遂，便寫信要求契訶夫來見他。一八九五年七月，契訶夫到訪時，看見頭包著繃帶的列維坦射殺湖邊的一隻海鷗，將死海鷗丟到母女面前。這幅場景之後成為《海鷗》的主要事件。一八九五年十月底，在給出版社朋友蘇沃林（A. S. Suvorin）的信中，契訶夫提到：「我正在寫一齣戲……我寫得頗愉快，雖然嚴重違反戲劇規則。這是一齣喜劇，有三位女性角色，六位男性，四幕劇，有景色（可以看到湖水）；會談很多文學，事件很少，愛情分量很重。」

22《海鷗：契訶夫經典戲劇新譯》（*Чайка*），丘光譯，櫻桃園文化，2016。

契訶夫對戲劇的喜愛其實在尚未投入文學寫作之前即已萌芽。一九二三年，契訶夫過世十九年後，人們發現了他十八歲（1878）時寫的寫的劇本手稿，現在通稱為《普拉東諾夫》（*Platonov*）（又譯為《沒有父親的人》）。後來契訶夫的劇本經常出主題，比如外省莊園易主的危機，最後開槍自殺的懷才不遇青年，認不清現實的莊園女主人，天真無邪的鄉下少女，對勞動價值的讚嘆等，這些契訶夫式的人物與主題，都在這部長達七小時的劇本中現身了。

失敗的聖彼得堡首演

一八九六年十月十七日，契訶夫的《海鷗》在聖彼得堡的亞歷山大劇院首演，卻遭遇了重大失敗。草率是致命的主因。當年聖彼得堡首演的排練時間，前後加起來只有九天。對後人來說，九天要排一齣契訶夫的戲，根本就是不可能的事。

演員與導演們在排練《海鷗》時，碰到了極大的困難，顯示他們無法了解這個劇本。契訶夫參與了第四次排練，他的說法是：「他們表演得很多……我希望表演的成分能少一些。」亞歷山大劇院所代表的表演方式與製作制度，恰好也是契訶夫在《海鷗》劇本中極力批判的舊劇場風格，缺少寫實主義的細節與生活的簡樸，習慣用程式化的刻板演出。契訶夫對演員解釋台詞意涵時，總會先說：「親愛的，主要是要演得簡單，不要帶戲劇腔……就很簡單地……」可惜，契訶夫的要求，對舊時代的演員來說，根本難以理解與體會。

契訶夫非常重視服裝與行為的細節，後來執導第二版《海鷗》而大獲成功的史坦尼斯拉夫斯基回憶說，當時飾演劇中的作家特里哥林，將其扮演得像花花公子。契訶夫對此大表反對，表示應該穿著破皮鞋與方格褲。史坦尼斯拉夫斯基後來說，他花了六年的時間，才搞懂為什麼。原來，妮娜愛上的是自己少女的幻想，所以看不到眼前的現實，才能凸顯其喜劇性。這些對細節的重視，源自對劇本所要傳達的真實的理解，而非裝腔作勢。

《海鷗》首演的舞台狀況很糟糕，劇院行政不願意花錢為《海鷗》製作新布景，所以都是用其他演出的舊佈景拼湊而成的。契訶夫對這些佈景本身也不甚滿意，覺得景片的畫風都太華麗與奢華，不能呈現劇中應有的簡單日常生活場景。

雪上加霜的是首演當天的觀眾狀況，原本演出是要慶祝喜劇女演員列夫凱耶娃（Elizaveta Levkeeva）的登台二十五周年。所以大批粉絲都以為這是一齣為她量身訂作的喜劇，但她最後沒有參與演出，而是在另一座劇院登台。所以有些觀眾以為這是齣喜劇，不斷發笑，有些觀眾則不滿沒看到心儀的演員，開始發出噓聲。

到了第三幕演出時，觀眾席一片混亂。飾演妮娜的科米薩爾日芙斯卡婭（Vera Komissarzhevskaya），契訶夫在排練時對她的表演給予高度讚許，卻也因為台下憤怒的觀眾，嚇到說不出台詞。

捲土重來：兩年後的莫斯科演出

聖彼得堡的失敗，讓契訶夫心存芥蒂，不願讓《海鷗》重演。但在莫斯科藝術劇院的創立者之一的丹欽科（Vladimir I. Nemirovich-Danchenko）不斷遊說下，契訶夫終於在一八九八年五月底，答應讓剛成立的莫斯科藝術劇院演出，導演則是莫斯科藝術劇院另一位共同創立者史坦尼斯拉夫斯基（Konstantin S. Stanislavsky），首演是一八九八年十二月二十九日。

史坦尼斯拉夫斯基在一個月內，便將導演腳本設計出來。他說：「我在導演腳本裡規定了一切：怎樣演與在哪裡演；應該怎樣理解每個角色和劇作家的舞台說明，應該用哪一種聲調說話，應該怎樣動作……還為不同的動作設計附上草圖：入場、退場等等。關於布景、服裝、化妝、表情、步態、人物的態度與習慣等等，都有詳盡的描寫。」

奇妙的是，原本史坦尼斯拉夫斯基並不太了解這個劇本，但靠著自己的直覺與想像，在還沒有與演員工作的情況下，他獨自完成這個導演計畫，並根據這個計畫進行排練。這齣戲從八月初開始排練，共進行了二十六次。其中丹欽科指導了十五次，史坦尼斯拉夫斯基排練了九次，另外兩次則由同是劇團導演兼演員的魯日斯基（*V. V. Luzhsky*）負責，總排練時間共八十個小時，彩排則有三次。

舞台設計特別受到重視，史坦尼斯拉夫斯基強調視覺風格必須與劇本風格一致。這齣戲由西默夫（Viktor Simov）進行設計，要求花園、房屋與小湖等布景都力求寫實，希望能讓觀眾感受到一個中等地主的日常生活環境。西莫夫認為契訶夫「只是暗示性地勾勒幾筆，就把服裝、布景等清晰描繪出來。因此在佈景方面，似乎也必須探索與使用同樣的手法，才能使布景與全劇的調子完全協調起來」。

在演員方面，參與演出的並非是經驗老道的演員，主要是來自丹欽科在莫斯科音樂學會附屬音樂戲劇學校（*The Musical-Drama School of the Moscow Philharmonic*

Society）的戲劇科所教過的學生，還有史坦尼斯拉夫斯基自己劇團的演員。卡司包括了飾演妮娜的羅克莎諾娃（Maria Roksanova），扮演阿爾卡金娜的克妮碧爾（Olga Knipper），後來也成為重要導演的梅耶荷德（Vsevolod V. Meyerhold）則飾演特列普列夫，甚至連史坦尼斯拉夫斯基也親自披掛上陣。

對於選角的考量，丹欽科在給契訶夫的信中解釋說：「首先，這個劇本曾交給著名的演員來演，可是他們把這齣戲演成功了嗎？……我寧願要那些年輕以及在表演藝術上很新穎的演員，而不要那些很有經驗與非常熟悉老一套的演員……一般所謂有經驗的演員，一定是一個具有某種公式的演員（你可以說他的公式是卓越的），這種演員要比起一個還沒被劇場程式帶壞的演員，更難演好一個對觀眾來說是新穎的角色……這整齣戲中只有一個需要豐富的舞台經驗以及從容不迫的表演，那就是多恩。所以這是我把這個角色分配給史坦尼斯拉夫斯基，讓這樣一位極好的表演專家來演的原因。」

導演對《海鷗》劇本的詮釋

史坦尼斯拉夫斯基在執導上，有四大特點，讓《海鷗》得以首度振翅高飛。首先是他非常注重對道具的使用，這些道具讓演員在表演時，可以將很多角色心理的細微變化轉化觀眾可見的演出細節，而且角色跟道具的互動，也產生潛台詞的作用。這些手法，包括在需要角色大聲說出台詞的地方，則用道具來讓演員減速，使台詞聽起來像是普通人說話一樣，比如特列普列夫在對索林說：「如果扎列奇娜雅遲到，那這一切的戲劇效果就完了。」導演則設計他要同時彎下腰拿起索林的菸來點自己的菸。另外有些道具，也同時用來代表角色的性格，比如第一幕一開場時，讓小學老師梅德維堅科拿著棍子與瑪莎一同入場，顯示了他跟教學的關係。

第二個特點是重視演員的肢體特徵，尤其是多樣而特定的習慣小動作。這些都是史坦尼斯拉夫斯基透過劇本分析與結合想像力推敲出來的，像梅德維堅科是整齣戲都拚命抽菸，索林則經常笑得很大聲等等。這些小動作又往往與台詞結合，以取得充滿日常生活細節的真實感。

第三是對停頓的大量使用。導演留意到原劇本已經存在對於停頓的強調，他理解到停頓對節奏的重要性，擴大設計出原本劇本不存在的停頓點。他在這些停頓中加入大量的動作細節或與道具的互動，讓觀眾將注意力放在日常生活的細節場面，這些停頓讓對話的表現更多樣化，並且預告接下來場景將出現的情緒轉變。

最後一項富有現代導演特色的，是聲響與燈光的運用。這包括了運用道具產生的實際聲響，如盤子碰撞的聲音或是馬車鈴聲。另外也有因為台詞提到而刻意搭配製造的音效，像第一幕對話中提到晚上狗會吠的事等等。實際上，從契訶夫十八歲寫的第一部長篇劇本《普拉托諾夫》到最後的《櫻桃園》，細心的讀者都可以發現，契訶夫的劇本充滿了對聲響的各種運用與暗示。燈光部分，導演相當重視每一幕開場時的燈光效果，藉以創造出一種符合場景主題與時空的寫實色調。

可惜的是，契訶夫並沒有機會欣賞在莫斯科的首演，當時他在克里米亞半島的雅爾達度假，但透過丹欽科的電報與長信，還是對莫斯科演出的盛況有一定掌握。到隔年四月初契訶夫回到莫斯科後，當時劇院演出季已經結束，最後只好於五月一日在另一家名為「樂園」（Paradiz）的私人劇院租了一晚，特別為他演出《海鷗》。

在《海鷗》飾演阿爾卡金娜的克妮碧爾後來嫁給了契訶夫。她在回憶錄裡描述了當初的演出狀況：「這個劇場沒有暖氣設備，布景也不是我們自己的，之前我們演戲什麼都是『我們自己的』，一切都是新的，得心應手的，可是現在這個劇場的環境讓我們感到很不習慣。」

在沒有前面提到的各種舞台美術的支持，加上演員至少一個多月沒演戲的生疏狀況，將在契訶夫眼前呈現的，根本已不是半年前大受歡迎的《海鷗》。畢竟，劇場演出不同於劇本閱讀，演員狀態稍有差池或是任何舞台細節的變化，都可以讓同一齣戲在不同天，給觀眾帶來完全不同感受。契訶夫第一次看完《海鷗》後，會失望是必然的。克妮碧爾回憶說，契訶夫看完後走到舞台，「他十分堅決地說，演得挺好。但是『我請求把我的劇本演到第三幕為止，第四幕我不允許演……』，他對許多地方都不贊成，特別是不贊成演出的速度……」

即便如此，做為劇作家的契訶夫，總體上還是滿意與莫斯科藝術劇院的合作，否則不會有下一檔戲的出現。克妮碧爾補充道：「《海鷗》劇組與全體人員和作者合拍了一張集體照，契訶夫坐在中間，似乎在唸劇本。我們已經在議論下一個戲劇季演出《凡尼亞舅舅》。」

如今契訶夫已是與莎士比亞齊名的世界級人物，是全世界各大劇院或劇團經常會選擇演出的劇作家。只要這個世界還有戲劇活動存在，劇院在城市的重要廣場或都市計畫發展還占據一席之地，契訶夫的劇本演出就不會消失，如同兩千年前的希臘悲劇如今依舊在倫敦或東京上演一樣。

而當今劇場界對《海鷗》在製作上，也出現有別一個世紀前的一些新方向。首先是考慮到不同時代與空間的對話可能性的新譯本，頗流行由當代劇作家本人翻譯（或參與翻譯團隊），賦予《海鷗》的新活力。包括英國新文本劇作家馬丁・昆普馬（Martin Crimp）或德國當紅劇作家福克・李希特（*Falk Richter*）都有自己版本的《海鷗》譯本。

第二是對《海鷗》到底是喜劇還是悲劇有諸多爭議，但在演出上來說，通常的狀況還是認為，契訶夫的劇本無法像莎士比亞一樣可以有更多前衛激進的詮釋。這部分原因當然是劇本本身去情節化的抒情鬆散結構，已經限制了演出的大方向。但即使如此，不同導演們還是可以因為對《海鷗》重點到底為何有不同解讀，而依舊千差萬別的演出版本，而且脫離原劇本的寫實風格。

舉例來說，德國導演歐斯特麥耶（Thomas Ostermerier）在荷蘭阿姆斯特丹劇團

（*Toneelgroep Amsterdam*）執導的《海鷗》（2013），著重在不同世代藝術家對藝術與名聲的看法衝突上，演出在一個空台進行，背後是紙做的大幕，法國藝術家凱瑟琳・齊姆克（Katharina Ziemke）同時在幕後畫一幅風景畫。知名立陶宛導演科爾蘇諾瓦斯（*Oskar* Koršunovas）執導的《海鷗》則讓戲劇本身成為重點，演出在類似排練室的空間進行，透過強烈的親密感，將觀眾拉近主要角色對劇場的熱情裡。

《海鷗》刺激了一代代劇場創作者不同的想像力，如同當年莫斯科的首演，激發寫實主義的劇場風格。而如今，《海鷗》依舊自由地飛翔著，就像劇本裡說的：「需要新的形式。新形式是有需要的，如果沒有，那不如什麼都不要。」

每個人都可以從《海鷗》得到啟發或創作靈感。我想構思一齣關於《海鷗》的戲，是將劇中的戲中戲完整寫出來。《海鷗》一開場的戲中戲沒有標題，契訶夫只給出片段台詞，還描述了出現紅眼睛的舞台效果。從我的角度來看，這個劇本可能更接近當代戲劇界盛行的新文本（new writing）。原本妮娜對這齣戲不瞭解也不喜歡，可是到了第四幕的最後，她卻懷念起這齣戲，還朗讀了一大段獨白。如果寫得出來，我的人生就是喜劇了。

第三部　思想

記得是二〇一四年碰到一位德國來的教授，當時他送我的禮物，就是英文本的《倦怠社會》，還強調說：「這本書影響非常大，在德國的戲劇顧問界，很多人都在討論這本書。」《倦怠社會》實際上是二〇一〇年出版的暢銷書，之後被譯成十六種語言，包含二〇一五年由大塊出版的中譯本。

《透明社會》[23]德文原著則出版於二〇一二年，其間還有一本《暴力拓譜學》（*Topologie der Gewalt*, 2011）。如果讀者直接閱讀《透明社會》也沒有什麼大問題，因為韓炳哲對於新自由主義結合當代數位科技的批判，在《透明社會》中，其寫作風格達到了一種新的高度，也就是環環相扣的整體架構，與一針見血的分析批評。

先從結構來看，《透明社會》分成九個章節，分別是肯

23《透明社會》（*Transparenzgesellschaft*），管中琪譯，大塊文化，2019。

023

《透明社會》：離開地面一寸，重啟面對他者的力量

定社會、展示社會、明證社會、色情社會、加速社會、親密社會、資訊社會、揭露社會與監控社會。每一章的內容都相當簡短簡潔，但皆頗具說服力。有時甚至感覺要花一本書來寫的主題，比如當紅德國社會學家哈爾特慕特・羅莎（Hartmut Rosa）的《加速：現代社會中時間結構的改變》原著有近五百頁，韓炳哲只花了七頁，就把主要論證說明完。

「透明社會首先是一種肯定社會。」韓炳哲在第一頁如此說道。關於肯定社會，韓炳哲在《倦怠社會》中已進行深入分析，但主要是從精神病理學的角度，來說明這種缺乏他者，一切只有肯定的社會，對當代人所造的損害。韓炳哲在《倦怠社會》中分析道：「儘管二十一世紀的辯證法依然跟隨辯證法的法則，但不是否定性的辯證，而是肯定的辯證：它們是『過度肯定性』下的病理表現。」

韓炳哲的哲學書寫（思考）有一個特色，或許是受到海德格影響，讓他偏愛去挖掘字詞的意涵，以及將對這些意涵的推衍轉化成一種論述過程。這樣的做法是否嚴格有效，自然是見仁見智，但是卻相當有啟發性，這是在啟發性這個點上，韓炳哲對當代社會的分析，以及對哲學經典的通透解讀，給予讀者一種閱讀的快感。

在強調「透明社會首先是一種肯定社會」後的下一段，韓炳哲隨即向讀者宣告：「當事情去除掉任何一種否定性，被整平、撫平，或是毫不受阻就被嵌入資本、溝通與資訊的順暢流動中，就會變得透明。當行動變得可運作，受制於可計算可引導可監控的過程，就會變得透明……當影像擺脫各種編劇法、編劇與舞台美學擺脫任何的詮釋深度，甚至擺脫意義，變得色情淫穢時，就會變得透明。」而以上這段文字，幾乎可以當作全書要旨來閱讀。

讓我們慢下來，來細讀這段文字。首先，如果沒有否定性，自然就是只有肯定，如果一切都是肯定，當然就不會有阻礙發生，於是就是整平或撫平的狀態。我想任何有一般有常識經驗的讀者，對於這樣的推論，都可以接受。但是韓炳哲不會這麼囉嗦，他將論證的步驟縮減，但依舊保持直覺的合理性，讓讀者的大腦略為運作，於下意識層面主動參與，反而更覺得這些分析十分有力。

除了行文的簡潔明快，韓炳哲的另一個特色，是對當代哲學大師的精闢解讀。我覺得這個部分，的確顯示了他在哲學閱讀上功力，而非只有聰明而已。不論是阿岡本、班雅明、羅蘭巴特或海德格等艱澀文本，韓炳哲總能用簡單一、兩段就解釋清楚，讓讀者豁然開朗，並將其與要討論的議題結合在一起。

〈色情社會〉是本書最長的一章，但也不過才十四頁，韓炳哲在前半段處理了阿岡本，後半段則討論羅蘭．巴特。他利用羅蘭．巴特在《論攝影》中提到知面（studium）與刺點（punctum）的差異，來談論當代社會如何成為一種色情化的進程。知面提供訊息，刺點則具有無法定義的東西，「巴特認為色情照片是千篇一律的照片，它們是光滑透明的，沒有斷裂，也並不模稜兩可……媒體照片想要取悅大眾。所以沒有任何刺點，不具符號學強度。他們沒有什麼能夠抓住傷害的，頂多產生出按讚的對象。」

於是，在資訊快速流通的當代社會，因為缺乏否定性所產生的平滑，藉由羅蘭．巴特的分析，就跟大眾媒體結合在一起，只能在社群媒體上按讚，而最後一點是肯定社會（也就是透明社會）在我們日常生活運作的起點。這就是韓炳哲作品的魅力，讓讀者可以往後退一步，發現自己為何過動的起因。

日本禪宗大師鈴木大拙到美國多年後，有弟子問他悟道時，到底有什麼變化，大師回答：「那時候你會稍微往上飄，離開地面一寸。」讀《透明社會》就給人這樣的感覺，這種距離讓我們產生一種否定的力量，脫離平面。即使只是離開螢幕一寸，這個中斷的瞬間，開啟了再度面對他者的力量，而不是被大數據所創造的只迎合我們的同溫層所圍繞。

024
時間、事件與逍遙

我第一本買到的薩弗蘭斯基（Rüdiger Safranski）著作，是北京商務於一九九九年出版的《海德格爾傳》，在那本書裡，海德格艱澀的哲學概念，被還原到不同的時間脈絡。原來過度抽象的術語，開始有了血肉，與哲學家的生平及環境發生連結。我們別忘了，海德格最知名的著作是《存有與時間》（1927），而人類活在世上的最重要特徵，對海德格來說，就是憂慮（Sorge）。如同薩弗蘭斯基在這本書導論提到：「憂慮是我們時間經驗裡一直在運轉的器官。它會襲向生活的每個領域，因為我們不管做什麼，或是成為什麼樣的人，都必須以時間為代價。」

人為何會憂慮？答案不難理解，我們會死亡（正確的說法，是身邊會有至親好友死亡，讓我們體會到死亡的存在與不可測），我們領悟到人生在世的時間是有限的。面對這個有限的時間，我們開始憂慮要如何利用。海德格的觀念貫穿在《時間之書》[24]這本書當中，自然也是因為在對時間的思索上，海德格是現代最具開創性也具影響力的哲學家。但《時間之書》並不是《存有與時間》的通俗版，薩弗蘭斯基只是建立在海德格對時間深刻分析的基礎上，為我們寫了一本時間的傳記。

薩弗蘭斯基非常會寫哲學傳記，顯示他的學識淵博，而且行文流暢，通俗易懂。在經歷《海德格爾傳》的愉快閱讀經驗後，之後他每一部作品的中譯本，從《尼采，其人及其思想》（2007）、《席勒傳》（2010）、《叔本華及哲學的狂野年代》（2010）、《榮耀與醜聞：反思德國浪漫主義》（2014）到《歌德與席勒：兩位文學大師之間的一場友誼》（2017），我都沒有錯過。傳記是對人一生的描述，而傳主的每個階段與下個階段，既有連結，又有不同發展。傳記主要在記錄與詮釋人生重要的轉折點，也就是關鍵性的事件。《時間之書》在書寫策略上，也遵循了這兩個原則，連結與事件。

《時間之書》的結構並非是每一章獨立，而是分階段的環環相扣。第一章〈無聊的時間〉結尾，從個人生活中找不到有意義的事件而感到無聊，推論到可以透過

24《時間之書》（*Zeit: Was sie mit uns macht und was wir aus ihr machen*），林宏濤譯，商周出版，2018。

決斷論（又一個海德格的術語），選擇重新開始生活。於是這就帶領我們到第二章〈開始的時間〉。但是展開一個新生活領域的同時，未來的不可知也在等著我們，於是該章結尾又提到〈憂慮的時間〉。

第四章一開頭就將前三章併在一起論述，這前三章彷彿還處於時間的未成年階段，只與個人時間相關。第四章〈社會化的時間〉則進入了社會化的成年世界，與第五章〈時間管理〉一同討論從社會角度對時間的運用。第六章〈人的一生與世界時間〉更擴大範圍將人類整體的時間納入，探討歷史的作用。

第七章轉向從空間角度論述時間，首先是最大距離的〈宇宙時間〉。下一章則逆轉到最近距離的角度，也就是關於身體的〈屬己時間〉。第九章〈和時間玩遊戲〉依舊停留在身體經驗，但切換到另一個平面，從語言與藝術的創造性角度，看待個人如何體驗到時間的昇華，並在結尾把這個平面掀開，認為「在這裡發現的正好就是時間與永恆的關係」，順利過渡到最後一章〈成熟的時間和永恆〉。

如果這些章節之間連結，有一定的內在邏輯，在這些內容背後，還有另一個隱而未見的重要概念，那就是「事件」。或許我們可以放慢一下角度，思考一下什麼是「事件」。前面我提到，傳記總是在描述傳主生命中的重大事件，而不是把生活中所有點點滴滴，都納到傳記裡。《時間之書》同樣描繪了在理解時間過程中的重大事件。一旦問起「事件」到底為何，我們會發現自己陷入與奧古斯丁一樣的窘境——那麼事件究竟是什麼？沒有人問我，我倒清楚。有人問我，我想說明，便茫然不解了。

事件與時間一樣，是一個奧祕，彼此之間有密切關聯。薩弗蘭斯基在《時間之書》中，經常提到「事件」，每一章都會出現好幾次，但他並沒有特別給予定義或說明。他在導論首先提到一般對時間的看法是「它不外乎事件可測量的久暫」，接著下一頁他又提到「當人們沒有什麼事件可以消磨，時間的流逝尤其明顯。」但我們可以確認，釐清事件的特質，對於解開時間的奧祕，至關重大，因為「一個真正沒有事件的時間並不存在」。

事件（Ereignisse）不免讓我們聯想到海德格晚期的另一重要概念「Ereignis」（本有）。海德格逝世十三年後才出版的遺著《哲學論稿》（1989），被視為是與《存有與時間》並列的重要著作，其副標是「從本有而來」（Vom Ereignis）。關於這個術語的翻譯，如同海德格的「Dasein」（此有）一樣，向來有很多爭議。但即使「Dasein」不能等同於人，但把人視為最具代表性的「Dasein」，把事件理解為最具代表性的「Ereignis」，通常在閱讀海德格著作的過程中，最不容易迷路。

我們不妨來看一下在《海德格爾傳》對這個詞的解釋，薩弗蘭斯基援引海德格本人的說明：「但在此期間，所發生（Ereignis）的還只是孤獨（Einsamkeit），所以海德格用一連串與事件發生及孤獨押韻的字串來表達它，以『Ereignis』始，以『Ereignis』終：『Ereignis』（事變發生）總是意味著『Er-eignung』（為—佔有）……『為—佔有』（Er-eignis）以及它在時間——空間中的無根無底性中的配置是一個窩……』」

總之，事件就是時間被某些活動佔有了，有事忽然發生了，所以事件是有開始的。基於「任何一整個事件序列的開始，都會改變對時間的知覺」，事件造成各種不同的時間現象，所以現代人面對了「媒體技術則是現代加速的關鍵事件。」即使在物理世界裡，事件一樣重要，「所以說，宇宙不是沒有起點的，就連時間也有個開端：唯有事件發生，才有時間的存在。」或許事件的方向性，跟熱力學第二定律有關，「這就是時間之箭：整個事件不可逆的定向性，從每某個秩序的非隨機狀態到秩序瓦解的隨機狀態」。

事件造成某種轉折，通常發生在外在，也可能出現在內在。薩弗蘭斯基強調：

「例如說，人看到樹上有一片斑點的葉子落下，在秋風中款款搖擺……但是一旦人們仔細觀察它，這個事件就會嵌在記憶裡佇留一陣子。這個獨一無二的事件為了在現實裡找到一個位置，必須有若干證人。如果它不存保留在任何記憶裡，那麼它就會像是從來沒有發生過一樣。」所以事件跟時間一樣，並非全然客觀。人的時間感，可以從百般無聊到歡樂時光總是過得特別快，向來不是均質的。事件也可以誕生於虛構世界，一本小說，一場電影，一部影集。在故事的世界裡，事件甚至可以是「直線式的、網狀的、以及週期性的時間模型」。在人類的創造性活動裡，事件不再是不可逆的線性，「詩會展開事件，而造型藝術則是把它們濃縮到某個瞬間。」

即使海德格著重在伴隨死亡的有限時間所帶來的憂慮，但同樣深不可測的事件，如同每個生命誕生般獨一無二，也會不斷闖入我們的生活，改變了時間的感受與方向，甚至「喚起令人欣喜若狂的片刻，把我們從平常的時間虛度裡拉出來」。

當然，薩弗蘭斯基為我們解說的時間的奧祕，主要是屬於西方的。如果換成東方，從佛教的輪迴觀、《易經》的變爻、《中庸》的「君子而時中」、《莊子》的「安時而處順」、北宋儒家程顥的「萬物靜觀皆自得，四時佳興與人同」、到俳句的日常瞬間，那肯定是時間的另一個故事，情調也不會是憂慮，而可能是逍遙了。

025
學習與自己的瘋狂相處，是為了逃離他人的漩渦

有一次我看到一個網路瘋傳的影片，是野外嚮導亞倫・麥克史密斯（Alan McSmith）在南非的克留格爾國家公園（Kruger National Park），碰到一頭瘋狂的大象從對面往他衝過去。但亞倫沒有逃跑，反而是文風不動地面對這頭大象。大象在快要撞到他之前，忽然緊急踩了煞車，往後退了幾步，彷彿它不太確認眼前這位帶著帽子穿著卡基色短袖的男人不是人，居然沒有嚇跑。在徘徊了四十五秒後，它又突然貌似要往前衝，企圖試探亞倫的反應，但他還是不為所動，最後這頭大象轉身離開。

皮耶爾・瑪里（Pierre Marie）所著的《對面的瘋子：解讀我們日常的瘋狂》[25]，是透過與他人的關係，來解讀瘋狂的現象，並分為歇斯底里（誘引他人）、服務他人（強迫症）、迴避他人（恐懼症）與變態（操控他人／殘害他

25《對面的瘋子：解讀我們日常的瘋狂》（*Les Fous d'en Face: Lecture de la folie ordinaire*），張喬玟譯，漫遊者文化，2018。

人）等四種關係模式。他說：「在與他人的關係中，都可以見到瘋狂的症狀……我們與他人的關係是先決條件……我們建立關係的方式決定了我們瘋狂的形式。」

讓我們回到這部網路影片。影片中顯示原本大象是悠哉地在樹叢間覓食，接著發現向它靠近的亞倫，而他也立刻停下腳步。大象猶豫了一會，然後一步一步往亞倫的方向前進，大約走了十步，忽然往前衝，接下來是我們已知的狀況。這頭大象的瘋狂是因為他人所引起的。如果沒有他人，大象也不是沒事就在那裡撞大樹。因為亞倫的現身，才讓大象以這種瘋狂的方式來建立與人類的關係。但是亞倫沒有被瘋狂所牽動，他讓這個歇斯底里的關係模式失效。當大象感受到它的瘋狂無法讓人類恐懼，彷彿突然要去撞一棵樹一般無聊，只好自討沒趣地離開了。

對文學、戲劇與電影的大量引用與分析，皮耶爾．瑪里的書寫，讓我們聯想到另一位大受歡迎的斯洛伐尼亞哲學家紀傑克（Slavoj Žižek）。但紀傑克只在意這些作品如何證明拉康派的精神分析理論，皮耶爾．瑪里卻不是如此。作為一位在巴黎執業的專業精神分析師，他關心病患，在意如何協助讀者逃脫日常生活的瘋狂。

這是非常真實的閱讀經驗，在翻閱《對面的瘋子：解讀我們日常的瘋狂》的過程當中，我開始回憶與反省瘋狂與自己的關係。既然作者認為瘋狂與我們每一個人都有關聯，「瘋狂就在日常生活裡，在廣告、實境秀、電影和文學裡大量出現。瘋狂並不限在診所、精神病院或大學講堂的密閉空間裡。在人生的某個階段，瘋狂是一種常態。誰在青少年時期躲過瘋狂？誰又在戀愛時期躲得過瘋狂？」

記得國中的時候，有一天不知為何放學回家後，我忽然充滿了憤怒，想找人打架。於是我走了上街，一面走一面瞪著迎面而來的路人，看看是否有人會回應我的挑釁，但繞了一圈之後，發現都沒有人理我，於是我也慢慢冷靜下來，自討沒趣地回家了。我一直記得這件事，因為那股莫名的憤怒是如此強烈。現在回想，在人生的那個瞬間，我也成了一頭瘋狂的大象。

透過這些作品的分析，我們看到每個人都有陷入這些瘋狂的機會。雖然皮耶爾．瑪里在一開始提到：「我的目的是展示而非解釋，我將重心放在如何，而非為什麼。」但在字裡行間，他還是把箭頭指向新自由主義，批判它「引發了過度消費，為了工作鞠躬盡瘁和世俗化的情形，抑鬱是我們的時代危機，甚至成為某些製藥集團的核心策略」。而且越寫到後面幾章，他對新自由主義的批判就越強烈明顯。

細心的讀者會發現，不像紀傑克喜歡在著作中舉通俗電影與笑話的例子，皮耶爾．瑪里大量引用法國文學、戲劇與電影。原本我以為這是個人偏好，讀到後來才發現，這是刻意為之。作者強調：「在經貿完全自由化的社會裡，對很多人來說似乎不甚重要的文化例外，可能是這個奴役現象的最後一個約束力量，儘管不甚穩固。如果世界上的每個孩子只看迪士尼卡通，他們會被充分格式化，以便屈從新自由主義的價值觀……」

如果當今世界就是瘋狂的來源，並透過各種消費、廣告與制度，充斥在日常生活的方方面面。如何脫離這些潛在的瘋狂因子，一種獨立思考能力，一種心靈的文化例外，就變得很重要。我想，這就是為何皮耶爾・瑪里要下重話說：「那麼走出瘋狂就意味著必須將主宰我們傾向構成的雙親及社會主張的價值觀，全部置諸度外。」這本書的出現，也暗示著批判能力與大量閱讀的必要性。

愛倫坡寫過一篇短篇小說《莫斯可漩渦沉溺記》，故事中的老人向主角述說如何大難不死，逃出漩渦的方式，不是恐懼地試圖逃離，而是深入到漩渦裡，透過研究它運作法則後，躍入海中，最後順著漩渦的力量逃出來。《對面的瘋子》藉由解說上百部文學、戲劇與電影，讓我們學習與自己的瘋狂相處，終究是為了協助我們逃離他人的漩渦。這也就是為何作者會說：「因此我關注的只是展示瘋狂的各種表現方式，讓每個人都能熟悉它們，進而得以設法擺脫。」

026

一九一三：現代史的麥加芬

驚悚電影大師希區考克提過一個叫「麥加芬」（MacGuffin）的說法，這是指在故事中引發所有人在追逐的目標，並帶動情節的推進。比如有一只皮箱，皮箱裡有重要的東西，但裡面到底是什麼，故事並沒有交代，這就是麥加芬。後來在一九六六年出版的《希區柯克與楚浮對話錄》一書中，希區考克用一個故事來解釋麥加芬。他說：「在英國一列火車上，兩位旅客正在交談。其中一位問：『先生，請問在上面的置架物上那個奇怪的包包裡頭是什麼東西呢？』『喔，這個呀，這是一個麥加芬。』『是作什麼用呢？』『這用來設下陷阱，以捕抓蘇格蘭山上的獅子。』『啊？但是蘇格蘭山區沒有獅子呀！』『喔，那就沒有麥加芬了。』」於是，希區考克對楚浮說：「所以你看，一個麥加芬，即什麼也不是。」

一九一三年就是現代史的麥加芬。《意猶未盡的黃金時代——追憶二十世紀初西方文明的盛夏》[26]這本書說明了，這是歷史上一個很重要的年份。但為何許多重大事件都圍繞著這一年轉，作者弗洛里安．伊里斯（Florian Illies）並沒有直接交代。既然麥加芬出自驚悚大師希區考克，自然也引發了我的推理魂，試圖在他的著作中找到蛛絲馬跡，希望能破解一九一三年背後的祕密。

《意猶未盡的黃金時代》是《繁華落盡的黃金時代》的續集。後者於二〇一三年出版至今，已有超過二十四種語言的譯本，中譯本於二〇一五年由商周出版發行。這兩本書的編輯概念與書寫方式都類似。作者在這兩本書都沒有提供一個導言，來做某種大歷史觀的說明，但我相信浸淫在這些人物典故與事件中，作者勢必會有某種感受或判斷，或許他覺得沒有足夠理論支持，卻總會在行文的某些時刻，不經意地洩漏出內心想法。

接著，賓果，我果然發現重要線索。在《繁華落盡的黃金時代》的第九十八頁，弗洛里安．伊里斯寫道：「現在橫豎得為這一年的現代主義下個結論，現在是一個頗有彈性的統稱，總是會被當代及後世的人賦予不同的解釋，每個世代的人將

26《意猶未盡的黃金時代——追憶二十世紀初西方文明的盛夏》（*1913 - Was ich unbedingt noch erzählen wollte*），姬健梅譯，商周出版，2019。

其發生的時間挪前或移後，以致事實無法恰如其分地描述不同時的同時性。而同時性尤其是一九一三這一年的特色。」

一九一三年證明了同時性的存在，這個由分析心理學大師榮格提出的觀念，是用來解釋看似表面不相關的事物會同時發生的巧合，他認為同時性的出現背後，勢必暗示了某種深具意義的祕密連結。一九一三年的同時性，就是現代主義在背後串聯一切。

在閱讀《意猶未盡的黃金時代》與《繁華落盡的黃金時代》的過程當中，一開始讀者會像是處在五里霧當中，充滿一則又一則看似不相關的藝文軼事，不太明白這些故事之間的關聯。但慢慢地，會發現這些人彼此之間，又存在某種連結，某種文化人際關係的網絡，會逐漸在閱讀過程當中浮現，而且是集中在巴黎、慕尼黑、柏林、維也納與布拉格等大都市。

當然，這也不是什麼奇怪的事，現代性（modernity）的出現，與都市成為人口的集中地是互為表裡的。一九一三年看似關鍵的一年，但裡面的人物或事件之所以被提及，其影響力不見得都是發生在那一年，而是可往前後各推到五十年的範圍。比如本書一開始提到魯道夫・史代納（Rudolf Steiner）是一八六一年出生，至於本書結尾關於華格納歌劇《帕西法》（*Parzifal*）只能在拜魯特演出的禁令將在一九一四年一月終止的軼事，其背景至少可回溯到一八五七年，華格納首度寫下該草稿。

法國詩人波特萊爾於一八六三年發表的《現代生活裡的畫家》，提到現代性，定義其為「短暫的、也是稍縱即逝的，不僅是瞬間，也是偶然的」。這種不斷變遷的感受，有點類似走在城市大道上，因為擁擠的往來陌生人、各式各樣的招牌，令人眼花瞭亂的櫥窗而產生的迷失方向感。這種現代性體驗，不也是《意猶未盡的黃金時代》與《繁華落盡的黃金時代》給讀者帶來的感受嗎？

不可否認，現代主義是誕生於歐洲，但是在《意猶未盡的黃金時代》中，作者試圖超越歐洲觀點，放入美洲甚至是印度的故事，而焦點也不再只是文化領域，連科學都納進同時性的範圍裡。讀者在閱讀這本書的過程，會發現其實是自己細細體會了整個現代史的複雜樣貌，而不是對歷史線性發展的簡化因果論斷。

不過，我還有另一個解讀。閱讀本書的最大樂趣，是對這些歷史人物的微觀描述，這會讓我聯想到《世說新語》，裡頭關於魏晉南北朝的名士風範。現代主義試圖與傳統割裂，加上兩次世界大戰，整個二十世紀的上半葉就是一切價值都被崩解，不再有什麼普世規範可以依據。唯一能確定的，只有這些人物在生活方式上的審美價值，而這個紛亂的歷史背景，不也與《世說新語》相似？

一九一三年的隔年發生第一次世界大戰，所有的文化事件都無法脫離這個政治龍捲風，讓一切不相關的事物都因戰爭爆發而彼此相關了。這也是為什麼本書的最後一個故事會落在費迪南大公要生女兒這則軼事上。至於為什麼是一九一三年，其實也不是那麼重要。比較重要的，是有了這個誘餌，透過這個麥加芬，我們才會留意到這麼多樣繽紛的歷史風光。

027 女性的分析之道

當瑞士心理分析大師榮格於一九四八年在蘇黎士的庫斯納赫特（Kusnacht）成立榮格學院（C. G. Jung Institute）之後，榮格學院便成為培育榮格派分析心理學家的大本營。而瑪麗—路薏絲．馮．法蘭茲（Marie-Louise von Franz）所開設的童話心理分析課程，在當年則吸引了學院裡絕大部分的聽眾。這些講座的內容有許多在後來都編輯成書，包括奠定童話心理分析學基礎的《永恆少年》（*Puer Aeternus*, 1970）。這本書以聖艾修伯里的《小王子》作為分析的出發點，讓心理學家與讀者們見識到童話心理分析的威力。《童話治療》[27]這本書的作者維瑞娜．卡斯特（Verena Kast）於一九六〇年代參與過瑪麗—路薏絲關於童話心理分析的講座，她後來也像瑪麗—路薏絲一樣，不但在榮格學院任教，更持續推動童話心理分析的普及化工

27《童話治療》（*Märchen als Therapie*），林雅敏譯，麥田出版，2004。

作。

瑪麗－路薏絲．馮．法蘭茲十八歲（一九三三）時即認識榮格，當年她還在蘇黎士大學預科班就讀。她有一位同學的阿姨恰好是托尼．沃爾夫（Toni Wolff, 1888-1953）。托尼是榮格最得力的助手，也是他的情人。托尼邀請她姪子帶他同學到榮格家吃飯，當時榮格已經是瑞士的名人，瑪麗－路薏絲覺得機會難得，便也一道跟了去。榮格對大學生講了一些心理學上的趣事，沒想到瑪麗－路薏絲便一頭栽入心理分析的領域，自此成為榮格的忠實信徒。後來她在許多方面都給予榮格非常大的幫助，尤其是她在拉丁文方面的造詣，更讓榮格可以接近鍊金術方面的資料。瑪麗－路薏絲不但參與了榮格學院的設立，更積極投入校務的工作。後來她甚至搬到榮格家附近居住，直到榮格逝世之前，她一直都是榮格學術上最得力的助手。而在她於一九九八年過世之前，瑪麗－路薏絲也一直都是榮格心理分析學派最主要的推手。

以她長期跟隨在榮格身邊的經驗，我們可以咸信，瑪麗－路薏絲深得分析心理學的箇中三昧。她在《童話心理學導論》（*Introduction to the Psychology of Fairy Tales*, 1970）一書中便認為：「童話不但是原型最簡單，也是最赤裸、最簡潔的表達形式……童話對集體與無意識心理過程來說，是屬於最純粹與最簡單的表現，因此它們的價值對於無意識的科學探究來說，就超越其他所有的素材。」也就是說，如果夢、神話、傳說、象徵等都可以成為分析心理學的對象，那麼童話比起這些對象還要有著優越的地位。

當然，在榮格的學說裡，童話是有一定位置的，他在《心理類型》（*Psychological types*）一書中便認可童話的價值，他如此寫道：「經驗上來說，自體（self）是以理想人格的形象呈現在夢境、神話與童話當中。」所以榮格是首肯童話的地位。他有時也會在課堂上以童話作為分析的例子。例如，他在一九二八年展開關於夢的系列研討會（Dreams seminar）當中便提到，如果想了解原型是如何運作的，《灰姑娘》是非常有價值的故事（一九三〇年三月二十三日）。甚至在他後來關於尼采《查拉圖斯特拉如是說》的系列研討會裡，他也引用格林童話的故事，向聽眾說明命名對無意識所產生的作用（一九三五年三月六日）。

但相對於榮格對鍊金術、易經、佛教、老子的興趣，童話在他整個生涯裡佔據的部分非常小。或許正是因為童話太過簡單、太過明瞭，反而引不起榮格的興趣，因為解讀童話似乎缺乏知性上的挑戰誘惑。童話太過女性、太溫柔。別說榮格，即使一般男性也都視童話為幼稚的代名詞。

這或許是一項巧合，但絕對有分析心理學上的意義，那就是推廣童話心理分析的兩大支柱——瑪麗—路薏絲．馮．法蘭茲與維瑞娜．卡斯特——都是女性，而她們的講座又吸引更多的女性投入童話心理分析的行列。甚至連當前童話心理學主要著作的作者也多以女性為主，其中包括了莫瑞娜（Gita Dorothy Morena）、米德（Erica Helm Meade）、歐伊利（Sibylle Birkhauser-Oeri）等人。或許對女人來說，童話比神話更有吸引力，而且是她們真正熟悉的素材。女人對兒童講述童話，她們喜歡童話，甚至在她們的語言中也暗藏著童話。女人說，我要尋找心目中的白馬王子，這即是來自童話。

神話裡充滿了英雄冒險的史詩故事，神話不僅吸引榮格，也包括他的男信徒，例如，神話學大師坎伯（Joseph Campbell）即是一例；而榮格的老師佛洛伊德也一樣對神話興致勃勃，畢竟伊底帕斯情結也是取材自希臘神話。但是人們常常忽略一點，神話往往太過成人，有許多情節都是兒童不宜，甚至有不少人都是到長大才有機會去了解這些神話的。但童話就不一樣，它是許多父母與孩子每晚睡前的固定儀式，搭配著說故事的輕聲細語，童話潛伏在夢的門口，等待著進入兒童無意識的機會，然後伴隨他直到成年。

其實童話不僅對女性有意義，對男性也一樣意義深刻，因為在童話中經常以動物為主角，而許多動物都是男性生命力的具體象徵。尼采的《查拉圖斯特拉如是說》即充滿了許多動物，如蛇、獅子、老鷹、駱駝等都是書中的角色。對於尼采這樣一位主張強力意志、強調貴族精神、充滿陽性基質（animus）色彩的哲學家來說，動物是他最後的歸宿。在他發瘋之前，尼采不就抱著一匹馬痛哭嗎？動物是連結童話與男性的關鍵，對心理分析學家來說，以動物作為自我象徵，比起以神話人物的情形，就顯得更加清晰易懂。神話故事的背景總是充斥著太多文化、宗教、社會上的訊息，分析起來往往困難重重。

瑪麗—路薏絲認為，與神話處理集體無意識的特色相反，童話往往牽涉到個體化（individuation）的過程。因此童話對於個人治療來說，具有無比的優勢。瑪麗—路薏絲的成名作《永恆少年》便處理了男性的問題。她發現有許多男性內心都有孩子氣的傾向，他們寧願將自己視為大男孩（這不免讓我想起陳昇的《關於男人》，歌詞寫道：「妳知道男人是大一點的孩子，永遠都管不了自己。」）。根據瑪麗—路薏絲的分析，其實《小王子》這本著作正是聖艾修伯里（Antoine de Saint Exupery）

將自身陰影（shadow）個人化的歷程。而我們不得不承認，《小王子》已經是我們這個時代最偉大的童話，而它繼續影響著下一代人的無意識。

如果說瑪麗—路薏絲的著作是替童話的心理分析奠下基業，那麼維瑞娜・卡斯特的《童話治療》便是帶領我們進入童話心理分析的實踐過程。她在本書裡引用馬克思主義學者布洛赫（Ernst Bloch, 1885-1977）的看法，認為去尋找能夠觸動我們內心的象徵是童話治療的關鍵，因為這些象徵即是「封裝在原型中的希望」（archetytisch eingekapselte Hoffnung），它們能引起被治療者看見意象。這些意象正是榮格派心理分析學可以大張旗鼓的地方。

比起佛洛伊德運用了語言自由聯想，榮格派的心理分析學更強調視覺方面的特殊性，這也提供了藝術治療的可能性。童話治療作為一種心理治療方法，似乎有更大的包容性，也擴大了我們對心理分析的視野。

028

Übermensch 對抗 UberEats：一部哲學歌劇

在電影《全面啟動》中，一群盜夢者入侵企業家費雪的夢境，是為了讓他自己做下放棄繼承父親企業的決定。在最高潮的一幕，費雪在夢中與盜夢者偽裝的臥病父親對話，父親說：「我很失……失……」費雪搶著說：「爸，我知道，我知道你很失望我不能像你一樣。」「不，不對……」父親喘著氣回答：「我很失望……你想跟我一樣。」於是在這段對話之後，費雪決定放棄遺產，成為自己。

眾人皆知，主導動機是華格納在歌劇《尼貝龍指環》所使用的音樂手法，但這名詞並非他發明，而是當時《拜魯特日報》編輯的創造。其實更貼近華格納的用法，根據當代德國知名指揮蒂勒曼（Christian Thielemann）的說法，應該是情感路標。

父親就是《在阿爾卑斯山與尼采相遇》[28]這部哲學歌

28《在阿爾卑斯山與尼采相遇》（*Hiking with Nietzsche: On Becoming Who You Are*），林志懋譯，商周出版，2019。

劇第一個可辨識的情感路標。從序幕〈群山之父〉開始，父親的隱喻從父山開始，就成為重要情感路標。這個路標先從外在的地理環境開始，再進入哲人與父親的關係。不論是本書作者凱格本人、尼采或是影響尼采甚鉅的叔本華，皆是早年父親即消失或過世。父親的缺位，讓保護不再，讓冒險有所可能，成為自己旅途得以展開。

《在阿爾卑斯山與尼采相遇》最動人之處，在於凱格最後也走出尼采的影響，成為自己。十九歲時踏上阿爾卑斯山尋找尼采寫作的道路，近二十年後，他帶著妻子與女兒再度踏上這條成為自己之路。在兩段旅程的回憶當中穿插著尼采的傳記史與哲學解讀。凱格的分析是透過親身實踐，有自己角度的。他從美國哲學家愛默生出發，發現美國超驗主義對青年尼采的影響。這種詮釋角度既清新又有說服力。但是，這種跨文化閱讀之所以奏效，最終還是奠基在作者個人生命與尼采的撞擊。

除了自小父親不在身邊，年輕時受尼采哲學強烈影響之外，凱格在精神上類似尼采，飽受憂鬱之苦，必須服藥。這一點特別有趣，因為大多數哲學家以理智健全的形象著稱，通常哲學家或教授們，不會在著作中刻意透露自己飽受精神疾病之苦，以免破壞理性工作的形象。但我自己個人有趣的經驗，是在日常生活中，大多數人又認為哲學系畢業的人通常有點怪怪的。

這種無法融入世俗的形象，有一部分可以在尼采哲學中得到解釋。對尼采來說，哲學家必須是孤獨的。透過本書的解讀，這份孤獨其實可以從登山者的行動中得到說明。如同凱格觀察到的，與登山客在山上所面對的種種不便及危險相反，這是一個移動越來越便利的、缺乏痛苦付出的時代。特別是當代城市與城市間的交通日益快速與安全，現在甚至不用出門，就可以用網路與全世界當下聯繫，吃飯還能叫「UberEats」，這最後只是阻止你成為「Übermensch」（人上人）。尼采早在《查拉圖斯特拉如是說》，以最後之人來形容這種當代人圖像：「人們在白天有自己的小確幸，在黑夜也有自己的小確幸；但他們崇尚健康。『我們已發明了幸福，』最後之人眨著眼說道。」對尼采來說，人上人就是與最後之人進行對決的解決方案。

當代人無法孤獨的情況比尼采時代更為嚴重，現在即使在大自然中步行，大家也急於上傳照片，讓人隨時知道自己動態。相反地，從登山延伸而來的漫遊是哲學思維非常重要的部分，如同作者舉證，佛陀、蘇格拉底、亞里斯多德、盧梭、康德與尼采等，都從孤獨的步行獲益，「一種只能在移動中得到的心靈開放」。

《在阿爾卑斯山與尼采相遇》的另一個特點，是關於哲學寫作，而且是透過登山來談尼采。這可分成三個部分來討論，首先作者以自己的登山與生命經驗，與尼采對照，試圖體會尼采在阿爾卑斯山區十年漫遊的寫作狀態，以協助讀者對尼采哲學有更深入理解。第二部分，是關於本書的寫作佈局，就是模擬一趟登山經驗。前面提到華格納的情感路標，不只是只有父親這個路標，還有女人、動物、頹廢與耳朵⋯⋯等，這些路標會經常在各章浮現，形成某種既具景觀功能又帶音樂性的雙重效果。第三是當讀者於書中慢慢步行，越到後面，對尼采這座阿爾卑斯山脈的複雜景觀，不但有越來越豐富的描述，尼采對後世的影響，特別是二十世紀從法蘭克福學派到作家赫塞，最後都會納入觀眾眼簾，把當代西方人文壯闊美景盡收眼底。

在費雪與父親進行最後對話後，《全面啟動》的下一幕是主角柯柏不願隨著大家一同脫離險境，他必須深入到一層夢中，去拯救委任這項盜夢任務的日本商人齋藤，同行的亞麗雅德對他說了一句關鍵台詞：「別迷失自我。」最後之人所處的時代，就像是《全面啟動》的夢中夢，你很容易就被夢沖走，迷失在夢中。這些夢，按照凱格引用尼采、阿多諾的說法，就是我們的消費文化與群眾心態。

尼采說「成為你自己」，但這個自己不是空洞的中二，而是必須從痛苦與孤獨中逐漸創造出來的。你必須勇敢對世界提出懷疑，忍受別人甚至自我否定的折磨。高山是危險的，哲學或許也是，但尼采絕對是。

一九一八年，二十六歲的班雅明與成為畢生好友的修勒姆（Gershom Scholem）在討論時提到：「一種不能包括與解釋從咖啡渣占卜未來可能性的哲學，就不是真正的哲學。」從這段話，就可發現班雅明畢生的哲學志趣，是從一個過往看似不相干的次要細節（一杯喝完咖啡的殘渣），解讀出事件的未來走向。當然，這杯咖啡非常有可能是在咖啡廳喝的，所以現代性的未來，總是包含城市，涉及建築空間。

我對班雅明的神祕主義傾向特別敏感，很早就留意到他對筆相學有著長期的興趣。但用什麼方式解讀這些細節，班雅明的驚人之處，在於解讀這些現象時，他將唯物主義的觀點納入，讓神學啟示服務於階級解放的左派理想。這也是他在〈歷史的概念〉第一節所強調的，藏在對弈的人偶機械裝置底下的操控的，其實是代表神學的駝背侏儒，「歷史唯物主義只要獲得神學的奧援，就會毫無顧忌

029
遊蕩在一座名為班雅明的迷宮城市

地跟任何人較量。至於神學如今已不重要，也不受歡迎，因此，不該再拋頭露面！」

算命是從不相干的細節裡，觀照出世間的一切，好像原住民可以從清晨鳥的叫聲，判斷接下來一天的好壞。班雅明從波特萊爾身上，發現符合現代性的新解釋，他將這樣的能力稱呼為「通感」（correspondances），一種能感應到雜多細節背後有相互連結的能力。通感在詩人波特萊爾那裡，是屬於現代美，但班雅明依舊看到能穿越現代破碎時間感的能力背後，與宗教儀式之間的相關性。作為班雅明的好友，同樣是猶太裔的漢娜．鄂蘭（Hannah Arendt）的剖析比我更清楚，她評論道：「精神和物質的表象如此密切相連，似乎隨處可窺見波特萊爾的『通感』。若聯繫得當，兩者可相互說明闡發，以至於最終無須任何詮釋或解釋的論說。他（班雅明）關注一片街景、一樁股票交易、一首詩、一縷思緒，以及將這些串通連綴的隱密線索……」

一九四〇年八月，試圖逃離納粹魔掌的班雅明在馬賽碰到漢娜．鄂蘭，他把〈歷史的概念〉的稿件託付給她，一個月後班雅明在西班牙邊境自殺身亡。如果沒有與漢娜．鄂蘭在南法的意外相遇，我們根本沒有機會讀到這份論綱。班雅明的書寫與書稿，總是誕生於危機。他花了十四年進行的「採光廊街」未完計畫（Das Passagen-Werk），其稿件也是長期處在流亡當中。在班雅明碰到漢娜・鄂蘭的三個月前，他將大量手稿與筆記本交給在巴黎國家圖書館工作的作家巴塔耶（Georges Bataille）保管，並在其他圖書館員的協助下，藏於圖書館中，後世才有機會接觸到這份寶貴文獻。〈巴黎，一座十九世紀的都城〉，即屬於採光廊街計畫的一部分。

班雅明弟子兼摯友阿多諾（Theodor W. Adorno）編輯的兩冊《班雅明文集》（*Schriften*）於一九五五年出版之前，基本上班雅明在西方是默默無名，命運與卡夫卡類似。一九六八年，漢娜・鄂蘭擔任了首部英譯本《啟迪：本雅明文選》（*Illuminations: Essays and Reflections*）的編輯，內容選自一九五五年的德文版。我前面段落引用的文字，即出自漢娜・鄂蘭為英譯本寫的導論。另外，美國女才子蘇珊・桑塔格（Susan Sontag）於《土星座下：桑塔格論七位思想藝術大師》（*Under the Sign of Saturn*, 1980）一書中，關於班雅明的同名長文，以及英國左派文學評論家泰瑞・伊格頓（Terry Eagleton）作為英語世界第一本班雅明研究專著的《沃爾特・本雅明或走向革命批評》（*Walter Benjamin or Towards a Revolutionary Criticism*, 1981），這些代表性翻譯與討論，催生了二十世紀下半葉的班雅明熱，至今方興未艾。當代最受崇敬的義大利思想家阿岡本（Giorgio Agamben），亦曾擔任班雅明選集的義大利譯本編輯，班雅明成為他思想中可以對抗海德格的解毒劑。

在台灣，英國藝術評論家與作家約翰．伯格（John Berger）《看的方法》於一九八九年翻譯出版，書中大量援用〈機械複製時代的藝術作品〉的觀念，讓班雅明開始廣為人知。解嚴後在引介西方思潮中扮演關鍵角色的《當代》雜誌，於一九九〇年代初陸續刊登不少關於班雅明的論文。一九九八年第一本班雅明的中譯本《迎向靈光消逝的年代》出版，收錄了〈攝影小史〉與〈機械複製時代的藝術作品〉，之後他的繁體中譯本多以單行本的方式進行，且篇幅較小。這次商周出版的《機械複製時代的藝術作品：班雅明精選集》[29]是首度收錄他大量代表性著作的選集（唯一例外，是當年可以在唐山書店買到香港牛津出版社於一九九八年出版的《啟迪：本雅明文選》繁體中譯本）。

對我來說，班雅明的文章是個城市現象，其書寫受到他的城市經驗影響，特別是出生地柏林與最愛的巴黎，更別說他還寫過文章《那布勒斯》（1925）與《莫斯

29《機械複製時代的藝術作品：班雅明精選集》，莊仲黎譯，商周出版，2019。

科日記》（1926-27）。班雅明喜愛旅行甚至被迫旅行（流亡），他總是在城市空間探詢他的研究主題與方法。他於《柏林童年》（1938）中寫道：「在一座城市裡找不到自己的方向，可一點也不有趣，但在城市裡要像在森林中一樣迷路，則需要反覆練習……直到多年以後，我才學會這門藝術，實現長久以來的夢想。這個夢想的最初印跡是我塗在練習簿吸墨紙上的迷宮。」是巴黎教他學會這種迷路的藝術，一九三三年至一九三九年之間，他在巴黎搬家多達十八次。班雅明的文章像是個迷宮，每一大段都是獨立的街區，密密麻麻的句子則是蜿蜒交錯的巷子。這種斷片式的書寫風格甚至影響了後世思想家，特別是阿岡本。

《機械複製時代的藝術作品：班雅明精選集》是一座具有班雅明典型風格的迷宮城市，有著「理論與概念」、「歷史與語言」、「文學批評」等不同區域，讀者需要帶著遊蕩者的步伐與心情，細細品味迷路的樂趣。阿多諾在他編輯的《班雅明文集》的導言中提到：「為了正確理解班雅明，必須感受到他每個句子背後的轉換，從極端的不安轉換到某種靜止……」，這就意味著一種步行速度的變化，彷彿旅行時經過某過轉角，看到什麼令人停下腳步的震撼景觀。讀者必須學習在班雅明的文字景觀中，去尋找這樣的啟迪瞬間。

不過，這座迷宮城市中有一個坦蕩的大公園，沒有彎曲的複雜巷弄與擁擠的往來行人，讓人心曠神怡，可以一覽班雅明之城全貌，這座公園名為〈作為生產者的作者〉（1934）。由於這是一篇演講稿，不論文風與佈局，都清晰無比，〈作為生產者的作者〉往北有地道可直通熱門景點〈機械複製時代的藝術作品〉（1935），往南則緊鄰一片森林〈卡夫卡——逝世十周年紀念〉。對於文學創作者必須反省自己在生產關係的位置，「他們是否已促進精神性的生產工具的公有化」，包括攝影的議題等，班雅明在演講中堅定地從左派立場加以辯護。在〈作為生產者的作者〉的後半部中，我們也能發現布萊希特對他的影響。他們相識於一九二九年，這對於理解班雅明的晚期藝術理論，是重要的線索。

修勒姆在他對班雅明的回憶錄裡強調，班雅明稱其思考有「雙面神雅努斯」（Janus face）的傾向，一面是給布萊希特看，另一面是給他看，前者代表了馬克思主義，後者則是神學。在構思〈作為生產者的作者〉的同一期間，班雅明也同時撰寫了〈卡夫卡——逝世十周年紀念〉，而在後者，我們讀不到生產關係、階級、行動或戰鬥等批判字眼，而是大量精巧的文學譬喻，觀察銳利的通感解讀，以及他行文中常出現的對比意象——駝背侏儒與天使。

不論是駝背侏儒與天使、算命與通感、宗教與現代性、柏林與巴黎、神學與歷史唯物主義、靈光與機械複製、卡夫卡與波特萊爾、救贖與毀滅、修勒姆與布萊希特、收藏與流亡等，類似這樣對立連結的矛盾碎片，不斷出現在班雅明的城市景觀，給讀者帶來難以理解的震撼經驗。最能說明這樣的雙面性，應該是班雅明於一九二一年所購得的、於流亡期間依舊隨身攜帶的珍藏，保羅・克利的《新天使》（Angelus Novus）。網路上很容易查到這幅畫作的圖像，不論是一九二一年計畫籌辦的雜誌《新天使》，到人生最後階段的〈歷史的概念〉，這幅畫作「一直是他的冥想圖像，一直提醒他某種精神的召喚」。

《機械複製時代的藝術作品：班雅明精選集》收錄的文章大多出自一九三〇年代，若想要理解班雅明早中期的語言哲學及文學批評理論，〈譯者的任務〉（1921）與〈論普魯斯特的形式〉（1929），是一定要造訪的老街區。

迷路的樂趣，是在歷史廢墟與當代文明之間，找尋能相互說明闡發的通感現象，我建議讀者可以在〈巴黎，一座十九世紀的都城〉這個徒步街區，練習遊蕩時所應具備的洞察力。態度上，要向他嗜讀的比利時推理小說家西默農（Georges Simenon）筆下的馬戈探長學習，看似漫無目的地遊蕩，其實都在找線索。若想在班雅明的迷宮城市裡熟門熟路，西諺有云「到了羅馬就應該像個羅馬人」，特別是當你對世界的未來感到不安，想關懷弱勢卻又被現實夾攻，迷失方向感時，班雅明透過他的書寫示範，如何藉由解讀失敗的細節，從那些歷史的殘渣中，預測救贖的可能性。你得學習成為班雅明，在旅行時，在火車上，在機場航廈，閱讀這本書——姿勢類似《新天使》，你需要一隻眼睛看書，另一隻眼睛觀察這個世界。

如果你們問我在這座班雅明城市旅遊的體驗，我會說，在進步的歷史觀中，失敗者的故事總是被犧牲，唯有重返現代城市的歷史廢墟，藉由藝術生產的技術革新所催生的集體回憶能力，找回烏托邦的寓言，才會創造出改變的力量。一旦覺醒的那一瞬間，彌賽亞就會穿越並顯現——因為你們就是彌賽亞。

030

哲學、愛欲與地獄

——評韓炳哲《愛欲之死》

韓炳哲《透明社會》的德文原著於二〇一二年三月出版，我們可以在第一章開頭第二段，讀到這段話：「金錢，讓萬物可以互相比較，消滅了事物的不可共量性（Inkommensurabilität）。因此透明社會是相同者的地獄。」不到一年內，韓炳哲又出版了《愛欲之死》[30]，同樣在第一章開頭第二段，我們讀到幾乎是接續的延伸詮釋：「因此，在相同者地獄（Hölle des Gleichen），也就是當今社會日漸形成的樣態中，不存在愛欲經驗。愛欲經驗要能形成，前提必須具備他者的非對稱性與外部性。」

這兩本姐妹作，在一開始都提到了相同者的地獄，而且還加了黑體，彷彿是加重了音量，可見韓炳哲多麼痛恨這個概念。很明顯，如果只有相同者，自然就代表了他者的消失。在《透明社會》，韓炳哲一開始就挑明了，相同者

30《愛欲之死》（*Agonie des Eros*），管中琪譯，大塊文化，2022。

地獄的產生，是與金錢（也就是資本主義，更精確說是新自由主義）有著密不可分的關係。《愛欲之死》則將他者的消失對人類情感造成的負面效益，做了更進一步診斷，其中一些觀點，他在《透明社會》的〈色情社會〉那一章，就有了初步分析。

作為當代最具影響力的哲學家，我們可從兩個地方檢視韓炳哲的地位，一是《愛欲之死》有當代柏拉圖美譽（紀傑克語）的法國哲學大師巴迪歐為之寫序，這證明他受到專業哲學界的肯定。另外是他連續兩年入選《藝術評論》（*Art Review*）年度影響力百大排行榜（Power 100），分別是二〇二〇年第五十名，二〇二一年第六十二名，而臉書創辦人馬克·祖克柏也才於二〇二一年首度入選吊車尾第一百名，可見韓炳哲在藝術圈的高人氣。

韓炳哲之所以能獲得專業與跨領域的肯定，一方面與他清晰的思路有關，總能將艱澀的哲學概念如庖丁解牛般，幾句話就交代清楚。二是他的書寫方式，能貼近當代人的閱讀習慣。相較於第一本暢銷書《倦怠社會》（2010），《愛欲之死》讀來更加輕快，學院風也沒那麼重。韓炳哲在本書加重了對電影、藝術、音樂與文學的討論，讓讀者更容易取得共鳴。我們可以說，《愛欲之死》是從《倦怠社會》、《透明社會》一路發展深化的結果，韓炳哲不斷挖掘新自由主義、相同者地獄與他者之間的盤根錯節，最終讓他有能力在不同哲學體系、社會現象與文化活動之間自由穿梭，游刃有餘。這種兼顧通俗與學術的哲學寫作，最有名的例子是斯洛伐尼亞哲學家紀傑克。不過紀傑克太愛炫，喜歡不斷旁徵博引與講笑話，韓炳哲反而是畫龍點睛，不會拖泥帶水，讀來提神醒腦。

現在，我們來對本文一開頭提到的兩段話，進行一點細讀——在相同者的地獄裡（也就是當代社會的狀態），事物的不可共量性消失了（這個術語源自孔恩的《科學革命的結構》），同時愛欲經驗也不存在了（愛欲的分析最早始於柏拉圖的《饗宴篇》），而愛欲的存在具有他者的特色（他者的概念來自列維納斯），是來自外部而且不對稱（換句話說，也就是不可共量，就像面孔一樣，是無法被交換的，所以不屬於資本主義）。

韓炳哲驚人的穿透性解讀，在此可見一斑。但即使讀者不知道這些概念背後的來源，也不會妨礙他們對這段話有一定程度的掌握。韓炳哲不喜歡落入哲學家之間的派系鬥爭，他不是那種透過批判別的哲學家來建立自己論述的哲學家，總是淺嚐即止。他在《倦怠社會》、《透明社會》與《愛欲之死》，都提到對義大利當代哲學家阿岡本的不滿，但也是點到為止。與其花大量篇幅在解釋與反駁不同立場的哲學觀念，韓炳哲更偏愛帶領讀者在不同領域的哲學風景裡漫遊。

那麼，什麼是愛欲呢？首先，愛欲不是色情。色情是一種身體的赤裸展示，沒有情色的距離所帶來的想像空間。在色情中，一切都被加速，沒有調情的減速，直達做愛。「色情的臉龐一樣面無表情，沒有豐富的表現力，也沒有祕密。」韓炳哲在毫無祕密的色情臉龐中，看見了與二十世紀法國哲學家列維納斯的他者哲學之間的關聯。他者就列維納斯來說，就是我們無條件要去面對的面孔。「性物件中也沒有面孔（Antlitz）能構成他異性，構成他者亟須距離的他者性。」韓炳哲解釋道。在愛情中，那張不可取代的臉，是賦予生命意義的絕對來源。王菲《不變》中的一段歌詞，可作為列維納斯面孔概念的通俗註解：「你曾是我的天，讓我仰著臉就有一切。要我如何面對，沒有你的夜。」

面孔不可交換，但是臉可以交換，各種整形美容就在出售可以交換、可以比較的臉，這對韓炳哲來說，就是一種色情，一種當代社會的專屬現象。色情無所不在，而不是僅存在於情慾當中，色情是透明社會的一種特質。透明社會消除了距離，特別是數位化的環境，加速與強化了排斥距離的肯定性，並蔓延到整個社會的各個層面，甚至主體心靈最珍貴的一種能力，愛的能力，也被透明社會所殖民。於是，各種交友軟體與色情影片，隨指可得。這種只要肯定的欲望追求（類似某種消費行為），因為拒絕差異（差異意味著不可消除的距離），最終只能創造出一種自戀的同溫層，產生內外都是相同者的自我重複，成為意義貧乏的倦怠地獄。

對面愛，我們無能為力，我們既無法強迫自己愛上別人，也無法強迫別人愛上自己，甚至連愛何時會降臨，我們也是無能為力，只能祈禱愛神。愛的經驗接近面對死亡，韓炳哲以拉斯馮提爾的電影《驚悚末日》與華格納的歌劇《崔斯坦與伊索德》為例，說明臣服於他者的絕對性，表面上接近一種死亡，最後反而帶來更強的生命力。「愛欲能使人經歷他者的他者性，帶領人走出自戀的地獄。愛欲啟動了心甘情願的自我犧牲與自我掏空……但一股強大的感受卻也接踵而來。不過這股感受並非我們的自我成就，而是他者的餽贈。」韓炳哲如此說道。透過愛，舊的自我消失，新的自我誕生。

《愛欲之死》最後一章〈理論的終結〉援引了柏拉圖《饗宴篇》。在《愛欲之死》這部哲學歌劇裡，《饗宴篇》所提到「愛的階梯」，奠立了整部作品的主導動機。《饗宴篇》探討何謂愛欲，認為愛欲是從身體、美一路升華到對智慧的追求。

韓炳哲在《愛欲之死》結尾最後一段強調：「思考是與愛欲一起展開的。必須先要成為朋友、情人，才能夠思考。若無愛欲，思考會失去活力，也失去騷動，只會變得反覆，成為單純的回應。愛欲對於無處他者的渴望，可以刺激思考。」

哲學、藝術與愛情都渴望不可見的他者，但是「將視覺資訊最大化的色情產物，摧毀了情色的想像。」《愛欲之死》表面上是在分析愛欲之死，實際上是在探討哲學之死，因為人們不再思考，只依賴大數據。韓炳哲的貢獻，在於將哲學作為一種他者，重新帶回這個社會，帶到藝術，帶入愛欲當中。《愛欲之死》豐富了愛的可能性。

第四部　故事寫作

031

讓愛電影與文學的人皆大歡喜

——人人都要跟莎翁學說故事

莎士比亞是有史以來最偉大的劇作家，而且作品不斷在全世界上演，還有數不盡的各種研究著作。既然這樣，為何不直接跟莎士比亞學創作，為何不乾脆分析他的編劇技巧，向大師學習說故事訣竅，這不是更有效嗎？就像學美術會去美術館模仿大師名作，練書法會抄寫名帖一樣，《跟莎士比亞學創作》[31]這本書，便在這種精神下誕生了。

在莎士比亞活著的十六世紀末到十七世紀初，王公貴族與市井小民都擠在劇院裡看戲，作為當年新興的大眾娛樂，劇場在當年的地位更像是今天的電影。讓我們試著想像當年觀眾的心情，他們來到劇院，會發現台上演員穿的戲服，跟他們自己穿的衣服，其實很接近。對莎士比亞時

31《跟莎士比亞學創作：連好萊塢金牌編劇都搶著學的20個說故事密技》（*Shakespeare for Screenwriters: Timeless Writing Tips from the Master of Drama*），蕭秀琴譯，商周出版，2016。

代的觀眾來說，他們會覺得自己正在看現代戲劇，而不是古裝劇。如同這本書第十八章〈絕世天才：莎士比亞的靈感來源〉所提到的，莎士比亞的三十八部劇本中，有三十六部都是取自其他素材，很少完全原創。不論這些劇作是取材自神話、政治事件或歷史著作，莎翁時代的觀眾在看戲的時候，頗像現在的我們在看《雷神索爾》或《搶救雷恩大兵》。

令人意外的是，大多數電影也是改編自其他作品，而非全新創作。以《改編的藝術：將事件與小說改成電影》（*The Art of Adaptation: Turning Fact and Fiction into Film*, 1992）一書聞名好萊塢的琳達．西格（Linda Seger），根據她在該書的研究顯示，從一九三〇年到一九九〇年的奧斯卡最佳影片得主中，只有九部是原創劇本，換句話說，有85%都是改編作品。也難怪奧斯卡設有改編劇本的獎項。別的不說，近年奧斯卡的幾部大片，如《127小時》、《社群網站》、《少年Pi》與《絕地救援》等，都是改編作品。莎士比亞劇作與電影編劇，兩者實在有太多類似之處。

《跟莎士比亞學創作》是我看過第一本完全以莎士比亞出發的故事創作書。在國外有很多關於莎士比亞電影的研究，但那是指直接以莎劇內容出發的影片。這本書卻將焦點擺在不同的平面，透過作者伊雯森（J. M. Evenson）精闢的分析，她發現莎翁所擅長的編劇技巧，同樣為一些電影所採用，即使這些電影編劇並沒有真的參考莎士比亞的劇本。電影既然在說故事，而且是人性的普遍故事（不然如何賣到全球市場呢？），那麼莎翁能流傳四百年以上的偉大劇作與這些暢銷電影之間，勢必有些共通之處。

透過分析像李爾王、馬克白、哈姆雷特等經典人物的特色，本書說明在許多經典影片中，這些人物性格是如何發揮作用的。這裡同時也呈現了，莎翁戲劇與電影的相似之處。莎翁大多數劇本都以某個角色為故事主軸。簡單說，不管情節是否合理，觀眾要看的是那個角色，而且想看演員怎麼演的。電影不也是如此嗎？透過鏡頭的放大，演員的演技與臉部表情，成為電影吸引人的賣點，電影海報往往也以主角的臉作為訴求。說得嘲諷一點，人們對最佳男女主角甚至配角的獎項關注，往往大過最佳編劇。是的，故事很重要，但好的故事更需要好的角色，有著深刻的矛盾與性格衝突。莎士比亞劇本的角色經常帶有這種特色，讓觀眾覺得由誰來演是很關鍵的，因為那裡有著演技的考驗。

《跟莎士比亞學創作》圍繞著角色出發，交替以莎劇與賣座電影為例，向讀者闡釋如何設計偉大或吸引人角色的一些手法。相較其他電影編劇書將重點擺在情節結構上，這本書更重視角色所追求的目標與衝突。伊雯森於二〇一五年一月接受美國好萊塢專業雜誌《創意電影編劇》（*Creative Screenwriting*）的專訪時，對於這樣的書寫策略，她解釋道：「有趣的是，莎士比亞的戲劇結構，其實與當代好萊塢電影有很大的差異，因為他的劇本通常奠基在五幕的結構上。《李爾王》的劇情是一個崩落的過程。他在故事開始時是置身最高點，接著一路滑落到可怕的深淵。李爾王甚至落得赤身裸體，最後以死亡收場。這是一個很特別的結構，你沒辦法在當代電影中做這種事，所以我將焦點放在角色而非結構。我們記得哈姆雷特，我們記得李爾王，我們記得奧賽羅——莎士比亞給我們的是永恆的角色。」

在被問記者到《跟莎士比亞學創作》與其他電影編劇書的差異為何，是否能有新突破時，伊雯森則回答說：「大多數的電影編劇書都是圍繞著寫這些書的大師而發展來的。羅伯特·麥基（Robert McKee）的書是麥基的理論。《先讓英雄救貓咪》是關於史奈德（Synder）的理論。這本書是針對莎士比亞而寫，意味著英語世界最好的作者，所以這不是關於我或某位當代作者。這本書是關於一位已經被公認絕對是大師的人，然後試著從他身上學到一些東西。」

莎士比亞的永垂不朽，有一大部分是奠基在他的語言上。《跟莎士比亞學創作》

在一些章節中，總會畫龍點睛地讓我們讀到莎翁的優美文字。但我們不得不否認，在當代電影中，對白越來越簡短。有一個笑話說，現在好萊塢編劇往往只要寫三句話就好，分別是：「小心，它來了！」「快跑！」「不，我不要！」，其他都是電影畫面在說明。換個角度來說，莎劇語言的精巧與趣味，在電影裡，則轉化各種鏡頭變化與剪輯技巧。本書雖然限於篇幅，對此並無過多著墨，但這表明了大眾娛樂，是建立在人們熟悉的表現手法上，而這些手法的精煉變化，則是大眾欣賞樂趣的一大來源（在古代是文字修辭或詩句；在當代是視覺畫面）。換言之，循序漸進的推陳出新，讓觀眾可以預測或發現新作品的創新變化，是類型存在的最大意義。莎士比亞有類型（喜劇、悲劇與歷史），電影也有類型（恐怖、警匪與愛情等），類型也是莎士比亞劇本與電影之間可以找到有共通性的主因之一。

這本書有四種讀法，第一種是當編劇書來讀；第二種是當電影介紹；第三種是當莎士比亞導論。第一種的可能性，又建立在第二種與第三種的成功交織上。不論從什麼角度，《跟莎士比亞學創作》在閱讀上的優點是文字平易近人，還有大量的圖片參照，增加不少閱讀樂趣。我喜歡先從每一章結尾的重點記憶與練習開始先讀。因為作者很細心地整理出通篇摘要，而且她所提供的問題，即使當作一般創作的練習，也是很有趣。或者說，即使你沒有想當創作者，光是讀這些記憶點與練習題，也能學習到如何解讀故事，甚至掌握評論的重點。所以這本書的第四種讀法，是當作評論分析來讀，因為它透露了一個好故事該有的成分與關鍵。

但讀者到底要對莎士比亞有多了解才能讀懂這本書，伊雯森的回答是：「當我寫這本書時，我非常意識到，不是每個人都是莎士比亞學者這件事。不過我們早就處在莎士比亞故事的環境裡。莎士比亞無所不在，甚至有一集兔寶寶的卡通，是改編自莎士比亞……以《羅密歐與茱麗葉》來說，有多人不知道這個故事？大家都知道。而且我在最後的附錄，還將每個劇本的梗概整理出來，所以即使你不知道《馬克白》在講什麼，這本書也會把故事精華濃縮出來，讓你知道其中的普遍性為何。」

為何要跟莎士比亞學如何說故事？當代會說故事的人，如電影導演或漫畫家，總是獲得大眾的崇拜。很多人對奧斯卡的關心，可能對台灣的政治還要投入。台灣這個社會需要更多故事，藉著虛構來接近理想，而不是一直停留在算舊帳的階段。畢竟，故事透過設定阻礙，反映了社會焦慮，並在故事中呈現與解決這個焦慮。現今的台灣，我們讀著日本漫畫，看著好萊塢電影，但這些作品背後的社會議題或戰爭焦慮，都不是屬於我們的。我們沒有幕府時代，也沒打過越戰。或許有一天，我們也有我們自己的超人、變形金剛或鋼鐵人，什麼都好，只要能讓我們在故事中，讓無法解決的社會或國族問題，因為有他們的出現，而得以在虛構的情境中擺脫這些困境，或許我們就會學著找到一個大家都有共感的新故事，能讓我們重新定義自我，不再陷入對舊故事失望的憂鬱當中。

如果莎士比亞是故事界的牛頓，這本書就是在講解他的物理學。但願我們能夠過這些創作定律，推動一個美好的新未來。

一九四六年出版至今，《編劇的藝術》[32]持續啟發著不同世代的創作者，網路上甚至能找到介紹這本書的簡報與討論影片。但這些第二手資料，永遠無法取代直接閱讀《編劇的藝術》所帶來的樂趣與啟發。拉約什·埃格里（Lajos Egri）的寫作風格充滿雄辯，大量的譬喻與令人咀嚼再三的佳句，充斥著每一頁。他的分析力極強，即使對易卜生《玩偶之家》或莎士比亞《哈姆雷特》極為熟悉的讀者，依然會發現拉約什·埃格里對劇本的逐句解讀，充滿洞見與啟發。

以《春風化雨》榮獲奧斯卡最佳原著劇本獎的編劇湯姆·舒爾曼（Tom Schulman）說：「亞里斯多德《詩學》與拉約什·埃格里《編劇的藝術》這兩本書最我影響最大。」擔任《魔鬼司令》、《終極警探》等賣座大片編劇的

32《編劇的藝術》（*The Art of Dramatic Writing: Its Basis in the Creative Interpretation of Human Motives*），黃政淵、石武耕譯，馬可孛羅，2018。

032 寫故事的前提

史蒂芬．德蘇薩（Steven E. de Souza）則坦承說，《編劇的藝術》對他創作技巧有很大的影響。

知名的美國電影學者大衛．鮑德威爾（David Bordwell）在《好萊塢的說故事方式：當代電影中的故事與風格》（*The Way Hollywood Tells It: Story and Style in Modern Movies*）（2006）一書強調，拉約什．埃格里藉著《編劇的藝術》，成為一九五〇年代後，對好萊塢電影編劇影響最大的兩位歐洲大師之一。

獲得高度評價的電影編劇書《故事的道德前提：怎樣掌控電影口碑與票房》（*The Moral Premise: Harnessing Virtue & Vice for Box Office Success*, 2006），作者史坦利．威廉斯（Stanley D. Williams）直接在第一章點名拉約什．埃格里，強調《編劇的藝術》對前提（premise）的重視是不能忽略的智慧，並在第三章分析前提這個觀念，是如何能在羅伯特．麥基（Robert McKee）或希德．菲爾德（Syd Field）等當代電影編劇教學大師的著作中，發現類似的回響，

前提是這本書十分重要的一個觀念，一個故事等於在證明一個前提。如果用比較容易懂的說法，就是這個故事要傳達的主要思想。拉約什．埃格里認為前提可以用很簡單的一句話表達，比如《羅密歐與茱麗葉》是「偉大的愛甚至不畏死亡」，

《李爾王》的前提是「盲目的信賴導致毀滅」等等。

拉約什·埃格里主張，前提不應該直接在劇本提及，而需透過角色、對白與情節的有機對話（他會說是辯證法），來向觀眾證明。他以權威的口吻強調：「好的前提都是——由三個部分組成，每一個部分都是好劇本所不可或缺的。讓我們檢視一下『簡約導致浪費』這句話，這項前提的第一個部分提示的是角色，一個簡約的角色。第二個部分『導致』提示了衝突，第三個部分『浪費』則提示了劇本的結局。」

但前提是怎麼來的，這時候拉約什·埃格里又從一個傳道人的角色變成一位禪宗大師，他說：「動身到處找前提是愚蠢的，因為就像我們曾指出的，前提應該是你自己的信念。」正是這種既能直指核心，又能保留開放的辯證態度，讓《編劇的藝術》讀來令人愛不釋手，成為創作者的最佳床頭書。

前面提到大衛·鮑德威爾認為拉約什·埃格里是影響好萊塢的兩位歐洲大師之一，另一位是對寫實演技有絕大貢獻的俄國大師史坦尼斯拉夫斯基（Konstantin S. Stanislavski）。史坦尼斯拉夫斯基的體系，透過一九四七年在紐約設立演員工作室（Actors Studio），在一九五〇年代以方法演技（method acting）的美國化面貌，快速擴散開來。詹姆士・狄恩、馬龍・白蘭度、達斯汀・霍夫曼、艾爾・帕西諾與勞勃・狄尼諾等演技派巨星，都曾在演員工作室學過演戲。這種以演員內在體驗來詮釋角色的表演進路，恰好與《編劇的藝術》反對亞里斯多德，強調角色大於情節的主張，一拍即合。

在電影的世界裡，透過攝影機的聚焦與銀幕的放大，演員的臉成為觀眾迷戀的對象。在奧斯卡獎頒獎典禮上，觀眾最關注的，都是最佳男女主角，很少人會記得誰得了最佳編劇。不論如何，拉約什・埃格里對角色重要性的辯護，呼應了影像主導的時代精神，至今勢不可擋。

其實《編劇的藝術》能從任何一章開始讀起，因為拉約什・埃格里實踐著他在這本書所強調的整體性觀念，不論是前提、角色三面向（生理學、心理學與社會學）、核心角色、角色排列組合、四種衝突、攻擊點、轉捩點、轉折與對立統合性等重要觀念，他總是不斷從各種新角度賦予這些概念新的解釋。

我非常欣賞拉約什・埃格里對「對立統合性」這個概念的強調，這是一個非常有用的創作技巧。它主張必須將兩個彼此對立的人物，找到綁在一起的必然性，而這個設定保證了衝突的存在，「只有在一個以上的角色之特點或主導特質被徹底改變之後，真正的對立統合性才能被解除。在真正的對立統合性中，妥協是不可能的。」透過他精闢的分析，我們可以發現這個技巧在很多經典鉅作中都存在的。如果要舉更容易理解的例子，是很多鄉土劇所偏愛的婆媳議題，便有對立統合性的結構，兩個互相對立的角色，被綁在一個家庭裡。

拉約什．埃格里很喜歡舉科學的例子——「我們要再三強調，所有體現大自然的事物都有辯證的性質。」——從物理學、統計學、工程學、生物學、生理學到遺傳學，他不斷試圖說明，在前提與角色之間，是一個有機的互動過程，這個過程就是情節。他深切相信，「當我們從書上讀到，或是在舞台上看到一則故事裡的殘酷、暴力、凌虐，以及所有使人變成禽獸的激情，這時我們其實看到了自己，因為我們這一生中也經歷過幾次，就算只有一瞬間而已……讓我再強調一次——去寫那些抵達了人生轉捩點的人物，這是值得的。我們能夠從他們的示範中得到警惕或啟發。」

活著需要故事，尤其是好故事，但前提是我們得先訓練出能寫故事的人。

033
編劇的《千面英雄》

「生命的泉源，就是個人的核心，並可以在自己的內心中發現它。」

當你讀到這段文字，表示你已接受到一場歷險的召喚。二〇一一年，美國時代雜誌將《千面英雄》[33]選入雜誌於一九二三年創刊以來，最具影響力的百大英文著作。傳奇球星柯比・布萊恩於二〇二〇年初不幸因直升機意外而逝世後，加州公共圖書館為了紀念他，列出十五本柯比布萊恩的閱讀書單，其中即包含了坎伯的傳記。《千面英雄》自一九四九年出版至今，已有好幾世代不同領域的佼佼者，都受到坎伯的召喚，在各自的領域，進行一趟冒險的旅程。這份名單包括了搖滾樂手鮑布・狄倫、感恩之死樂團、門戶樂團主唱吉姆・莫里森、《2001太空漫遊》的導演庫柏利克、奇幻小說作家尼爾・蓋曼等。一九八五年，

33《千面英雄》（*The Hero With A Thousand Faces*），朱侃如譯，漫遊者文化，2020。

坎伯獲得國家藝術俱樂部的文學榮譽獎章（National Arts Club Gold Medal of Honor in Literature），在頒獎典禮上，知名心理學家詹姆斯・希曼（James Hillman）稱讚坎伯：「在這個世紀，既不是佛洛伊德，也不是托馬斯・曼或是李維・史陀，沒有人可以像他一樣，把世界的神話意涵還有那些永恆的人物，帶回到日常生活的意識當中。」

一九〇四年，約瑟夫坎伯誕生於紐約州白原市（White Plains）的愛爾蘭天主教家庭，但他自小就對印地安文化充滿興趣。高中畢業後，一九二一年他在達特茅斯學院研讀生物學與數學，但為了追求對人文科學的喜愛，於一九二三年轉學到哥倫比亞大學。大學期間，坎伯相當活耀，不但加入爵士樂團，還是優秀的體育選手，曾是半英里田徑賽的世界冠軍。一九二四年，他們全家去歐洲旅行，在回程的船上，坎伯碰到當時被視為彌勒轉世、有世界導師之稱的克里希那穆提（Jiddu Krishnamurti），並獲贈阿諾德（Edwin Arnold）關於佛陀生平的《亞細亞之光》（*The Light of Asia*），引發了坎伯對東方的興趣。一九二五年，坎伯獲得哥倫比亞大學英國文學的學士學位，並繼續攻讀研究所，於一九二七年取得中世紀文學碩士。同一年，他獲得哥倫比亞大學的歐洲遊學獎學金，前往巴黎大學與慕尼黑大學學習古法文與梵文。一九二九年返國後兩周後，就遇上經濟大蕭條，中斷了他的博士學業。沒想到坎伯卻將這個逆境當作是一段新的旅程。大蕭條期間，坎伯躲進伍茲塔克（Woodstock）的森林裡，專心讀了五年書，一九三四年他獲邀至莎拉．勞倫斯學院（Sarah Lawrence College）教授比較文學與比較神話。他後來在這裡教書長達三十八年，直到退休。

一九四二年，賽蒙和舒斯特出版社（Simon & Schuster）希望他寫一本給大眾閱讀的神話學著作，類似某種自學手冊。他與出版社會面之後，當晚就把大綱寫給好，並拿到合約。坎伯花了近五年的時間寫作，最後完成了《千面英雄》。這是他第一本獨力完成的著作。但當他把稿子寄給出版社後，對方卻表示對出版這本書興趣缺缺。於是坎伯將稿子拿回家。並在朋友推薦下，寄給萬神殿出版社（Pantheon），但是社長沃爾夫（Kurt Wolff）讀過後表示：「誰會想看這種書？」就這樣，《千面英雄》被拒絕了兩次。最後他把稿子寄給波林根基金會（Bollingen Foundation），對方非常喜歡，這本書才終於在一九四九年出版。

坎伯在森林裡專心讀了五年書，又花了近五年寫作，才能完成《千面英雄》這部著作。這些神話主角既不是漫威英雄，也非《進擊的巨人》，但他們卻是這些人物的始祖。這些主角老早存在我們心中，只是在不同時代會用不同的名字與面貌出現，所以坎伯才稱其為「千面英雄」。雖然這些故事早就存在，可是坎伯卻點出了這些變化多端的人物與情節背後，其實都是同一則故事的變形。唯有經歷比較多的付出與磨難，這個單一神話才能真正被體驗，被認識。

從《星際大戰》到好萊塢

《千面英雄》為何會有如此大的影響力？有一個關鍵性的因素，是《星際大戰》的導演兼編劇喬治．盧卡奇，多次在不同公開場合承認，如果沒有閱讀過《千面英雄》，就不可能有這部電影。

一九九五年二月，坎伯獲得全國藝術俱樂部頒發文學榮譽獎章，盧卡奇在頒獎典禮上對坎伯感謝道：「我寫作劇本全部的時間已經好幾年，正如我前面提到的，我一直在兜圈子……不過，在讀過只有大約區區五百頁的《千面英雄》以後，我發現我要的故事就在那裡面。我的終點就在那裡面，焦點就在那裡面……如果不是跟喬的偶遇，很有可能時至今日我還在苦思《星際大戰》的劇本該怎麼寫。」

這個歷險召喚的訊息，也啟發了後來以《作家之路：從英雄歷程學習寫一個好故事》而聞名的故事寫作教學大師克里斯多夫．佛格勒（Christopher Vogler），他在南加大電影學院讀書時，偶然機會讀到《千面英雄》，在短短幾天的閱讀時光，該書改變了他對人生與故事寫作的看法。一九八〇年代中期，佛格勒在迪士尼擔任電影故事分析師時，整理了一份七頁左右的「千面英雄實用指南」，分送給迪士尼高層與同業，之後在好萊塢廣為流傳，最終也刺激他於一九九二年寫成《作家之路》，並隨即成為暢銷書。

透過《作家之路》的推波助瀾，《千面英雄》逐漸在電影劇本寫作的領域裡，成為一大主流。二〇〇一年出版的《世界電影劇本寫作》（*Global Scriptwriting*）一書在導論中提到：「有一個學派是主張神話對電影說故事技巧的重要性。這些教師與作家強調英雄及其旅程，還有塑造原型角色行為的深層力量，電影《星際大戰》與《獅子王》是主要範例。這套編劇教學法主要歸功於約瑟夫．坎伯於一九四九年出版的《千面英雄》。」另外，二〇〇六年出版的《接下來故事怎麼走：美國電影編劇史》（*What happens next :a history of American screenwriting*）一書，則認為《千面英雄》的出版，引發了新一波編劇指南的出版熱潮。

《千面英雄》成為編劇教學的主要參考來源，除了像《作家之路》這樣的著作外，千禧年之後更多是以網路的型態出現，包括文章、簡報或影片等不同形式。

遊戲與演講

《千面英雄》的影響是如此之廣，以至於任何能與說故事沾上邊的媒體，都可以參考坎伯的神話理論。我在這裡舉兩個例子，一是電玩遊戲，畢竟很多遊戲都以神話（奇幻）或類神話（科幻與武俠）為故事背景，這當然馬上就落入的《千面英雄》勢力範圍。只要在網路上搜尋「Joseph Campbell」與「video games」這兩組關鍵字，就可以發現一堆文章，是在倡導如何運用《千面英雄》的英雄旅程，來設計遊戲。

另一個例子是TED演講，而好的TED演講不容易。部落客布林科夫（Alex Blinkoff）在文章〈經典的說故事模式能幫你做出一場有催眠效果的演講〉（This Classic Storytelling Model Will Help You Give a Mesmerizing Presentation）中，分析美國知名魔術師大衛．布萊恩（David Blaine）點閱率超過兩千五百萬次的TED演講，在短短十七分鐘，其結構是如何符合英雄歷險的十七個階段。

當然，這不是說所有符合英雄旅程的敘事，都受到了《千面英雄》的啟發。毋寧說，坎伯發現了某種故事的牛頓定律，這是確實存在又普遍有效的。只是，事先就知道這個定律的人，能更容易說出一個讓大眾有感的故事。相反地，傳統神話是眾人所合說，透過好幾個世代的篩選與演化，才成為一個可以流傳久遠的暢銷故事，而《星際大戰》只憑盧卡奇個人之力，就能創作出傳統神話所希望達到的效果。

《神話的力量》：《千面英雄》未完的英雌旅程

二〇二〇年九月，美國藝術與科學院院士、財經界代表性人物大衛・魯賓斯坦（David Rubenstein），他上了美國超人氣的播客節目《提摩西・費里斯》（The Tim Ferriss Show），在節目上介紹了《神話的力量》這本書，而這一集得到近四千人的評價，平均在四・七到五顆星之間。如果你上網查《神話的力量》，會發現有許多人持續在詢問，如何能夠看到影片版的六集完整內容。美國公共電視台在播出這個節目三十周年後，於二〇一八年發行了三十周年紀念版套裝DVD，官網上的評價是五顆星。在坎伯過世一年後發行的《神話的力量》，不論是影像或是書籍，一直都是他影響力的最大作品，普及率不下於《千面英雄》。

《神話的力量》（*The Power of Myth*）是坎伯於一九八五年與一九八六年與電視記者莫比爾（Bill Moyers）的三次對話，分別錄製於電影導演喬治・盧卡斯的天行者牧場，以及紐約自然歷史博物館。整個錄影長度長達二十四小時，最後公共電視台將其濃縮成六小時的電視節目。但是編輯部認為很多沒放進節目的內容，也值得與大眾分享，希望坎伯的粉絲們除了電視之外，也能透過閱讀接近這些對話。一九八八年電視首播時，此書也同步出版。即使全書架構根據電視版，依舊納入一些原本節目沒有的內容。根據原著編輯孚勞爾（Betty Sue Flowers）的說法：「我們希望這本書成為電視節目的姊妹作，而不只是他的複製品。」

影片一開始，在進入對談內容之前，莫比爾說了一個小故事，也是本書導論提到坎伯在日本參加國際宗教研討會時發生的事——美國學者說：「我不了解你們的意識形態，我不了解你們的神學。」日本神道教的神職人員搖搖頭回答：「我想我們沒有意識形態。我沒有神學，我們跳舞。」

如果你閱讀《神話的力量》，你會直接感受到坎伯沒有意識形態，沒有神學，他只是在這場與進行的對話雙人舞中，展示神話如何貫穿他的生命。在對話過程中，坎伯曾多次引用尼采，且讓我在此也引用尼采的另一句話：「人們必須保持自己內在的渾沌，方能產生一顆跳舞之星。」神話不是神學，神話沒有要給標準答案。你必須冒險讓神話進入你的身體，找回你的內在與神話的連結，才有可能成為一顆跳舞的星星，與宇宙共舞。

在《神話的力量》發行的四十年前，《千面英雄》（1949）作為開拓性的神話學著作，開啟了坎伯的神話之旅。作為神話研究的故事主角，坎伯一直在探索神話的奧祕，其中一個非常重要的面向，是《千面英雄》一書沒有足夠篇幅展露，卻在《神話的力量》成為主要旋律的，是女神的力量。在《神話的力量》對話過程中，坎伯不斷導正所謂正統宗教中常見對女性的壓抑，試圖回溯女神崇拜是神話起源的關鍵地位。《神話的力量》代表了坎伯對神話解讀的最後立場。即使坎伯生前沒有專門著作在談女性神話，但是坎伯基金會也意識到這個觀點的重要性，於二〇一三年將他談論女性神話的演講與文章編輯成《千面女神：神聖女性的奧祕》（*Goddesses: Mysteries of the Feminine Divine*）。

《神話的力量》發行三十年之後，坎伯關於女神的論述，更像是先見之明，能與當下的時代精神相呼應。讓我們從作為當代神話主要傳播媒介的電影來觀察，目前影史票房最高的兩部電影，分別是《阿凡達》與《復仇者聯盟：終局之戰》。如果《星際大戰》是《千面英雄》的主要範例，那麼《阿凡達》更能與《神話的力量》的種種說法相呼應。納美人崇拜大地女神伊娃，伊娃在最後以救兵的姿態，喚醒潘朵拉星球的野生動物來解救將被地球人荼毒的危機。男主角傑克在與駕駛機器人的柯邁斯上校的最後決鬥，則是靠了女納美人奈蒂莉射出關鍵一箭才得以解圍（這是一箭雙鵰，隱喻著神話起源的狩獵文化對科技文明的挫敗，同時是女性力量對男性的戰勝）。

同樣地，在《復仇者聯盟》最後一集的最後，當這些如諸神般的英雄被打得一敗塗地時，最後出現的救援奇兵，是「驚奇隊長」卡蘿．丹佛斯，當她現身地球上空時，不到幾秒就把敵方軍艦擊潰，扭轉整個戰局。卡蘿．丹佛斯其實在電影一開始就出現，是她解救了漂流在外太空的鋼鐵人，原本他已經要缺氧而死。這個開場的解救行動，讓鋼鐵人可以一路奮鬥到電影結尾，用寶石手套完成打敗薩諾斯的關鍵一舉。換言之，男神的存在與任務的達成，都是女神帶來的贈禮。

時代的確在轉變，相較於三十年前，女性角色在具有神話地位的通俗故事中（因為它們超越了地理與文化，感動了所有人），地位都有大幅提升的趨勢。如果不是因為閱讀《神話的力量》，我根本意識不到這件事。

《神話的力量》電視節目的片頭，一開始是人類登陸月球的畫面，接著出現從月球看藍色地球的角度。某個程度，這也暗示了坎伯的宗教觀，他不是從某個特定宗教來評斷神話，他是在展現一種世界主義。坎伯於一九八七年過世的時候，冷戰尚未結束，人類對歷史的想像依舊屬於對抗式。但三十年之後，透過科技網路與廉價航空，甚至是當下的新冠肺炎，都加速了全球化的互動密度。我們不能樂觀地說，國與國之間的對抗將很快不存在。但在個人的層面，的確已經進入全球化的文化雜食階段，一個人可以早上吃漢堡，下午讀日本小說，晚上看美劇。

坎伯在《神話的力量》中，展現他從《千面英雄》以來一貫具有女性溫柔的開放立場，帶領我們進行一段穿越奧義書、古希臘神話、聖杯傳說、佛教故事到印地安神話的閱讀旅程。坎伯刺激讀者從個人角度去找到這些神話與自己內在的關聯，去聆聽與理解不同文化背後的共通性，學習接受他者。

文明不斷演進，但神話並沒有消失，原因是我們的身體還是四萬多年前那個狩獵民族的身體，而依照坎伯在本書的觀點，狩獵文化出現與神話起源大有相關。我們的身體渴求著神話，在電影、漫畫與電玩遊戲中尋找著神話英雄，只是在這個時代，神話的真正力量被掩蓋了，有神話卻沒有相應的神聖儀式。坎伯要帶給我們禮物，是他說的：「神話的意象乃是我們每個人靈性潛能的反映。透過對這些意象的冥想，我們可以把它們的力量在我們自己的生活中激發出來。」

在這個加速的時代，每個人都因為大數據的操控，而活在自己封閉的單子世界裡，還以為世界是與自己和諧一致的，但其實都是同溫層的幻想，而識破幻象需要智慧，特別是神話的智慧。從《千面英雄》中可以發現，坎伯的過人之處，在於他能在不同神話、夢境、社會與自我之間，解讀出彼此相關的連結性。這種穿透性的閱讀能力，如果沒有從生活中誠實面對神話與自我，接納歷險時間的必要性（這就是反加速），是不可能得到的神話的智慧。

英雄旅程的十七個階段不是公式，而是路標。不論是人生或是故事，只有親自走一遍，才能欣賞每個路標所指向的風景。

「生命的泉源，就是個人的核心，並可以在自己的內心中發現它。」再說一次，當你讀到這段文字，表示你已接受到一場歷險的召喚。但唯有你願意脫離日常生活，這趟歷險才會真正開始。

首先，你得將手機關機並丟到包包裡，再來是至少先給自己一個半小時內不受干擾的情況下，開始專心閱讀此書，讓這些神話進入你的身體。在閱讀《千面英雄》的過程中，你很可能對大多數的故事都不太熟悉，但必須深入《千面英雄》的世界，讓這些不同文化的神話如同海浪般，一則一則衝擊你的大腦與身體。

然後，用坎伯自己在大學教神話學的方法，是請在這些神話中，找到一則最能吸引你的故事（不需要理由，答案自己會來找你）。接著緊緊擁抱這則神話，去觀察與體會生活與周遭世界，看看自己是多大程度是活在這個故事中，而這則神話又有多大程度是活在你裡面。慢慢地，啟蒙的那一刻，自然會來到。那時候，如同所有神話裡的英雄，你會將進入神話世界所獲得的珍貴訊息，帶回到這個俗世，知道如何在日常生活中活出自己。此時，也是可以開始動筆寫故事的時候了。

《作家之路》[34]最早出版於一九九二年，後來換到麥可·衛斯出版社（Michael Wiese Productions），重新編排了二版並於一九九八年發行，之後二〇〇七年又印行了第三版，並擴充內容。《作家之路》在美國一直是暢銷書，銷售超過四十萬本。為了慶祝這本書發行二十五周年，出版社於二〇二〇年發行了紀念版。在這第四版中，佛格勒又添加近三萬五千字的新內容。其中有些部分對東方讀者來說特別有意義，他把結尾「身體的智慧」一節加以擴大，說明如何將瑜珈的七個脈輪運用在故事寫作上頭。佛格勒認為：「脈輪系統可以看作是能量發展越來越精妙的階段形式，大致能與英雄旅程相對應。」但是這個說法的新穎之處，在於脈輪是一種身體反應，我們可以藉此說明故事如何對創作者及觀眾產生情緒的連結。於是，英雄旅程就不

34《作家之路》（*The Writer's Journey - 25th Anniversary Edition: Mythic Structure for Writers*）蔡鵑如、蕭秀琴譯，商周出版，2023。

034

邁向作家之路

只是在說一個外在客觀人物的過程，而是一個可以改變每個人生命感受與可能性的共鳴機制。

二〇〇一年出版的《當代電影編劇》（*Screenwriting Updated: New (and Conventional) Ways of Writing for the Screen*），其中有一節在介紹佛格勒發展出來的神話編劇。就地位來說，佛格勒已被封為電影編劇大師（Screenwriting Guru）。這是他到倫敦講學時，媒體給他的稱號。佛格勒與《故事的解剖》作者羅伯特．麥基、《實用電影編劇技巧》的作者費爾德（Syd Field）等人，都被並列於維基百科英文版的電影編劇大師名單上。

但是，《作家之路》的影響力並不限於好萊塢，韓國金牌製作人金泰源在二〇一九年出版的《爆款故事的誕生：一學就會的情節寫作說明書》，亦有一節專門在介紹佛格勒的編劇技巧，金泰源說：「克里斯多夫．佛格勒的理論『英雄旅程』，是好萊塢故事理論中又一個具有劃時代意義的理論。」金泰源並分析了奧斯卡金獎導演與編劇奉俊昊的電影《駭人怪物》（2006），是如何符應英雄旅程的結構設定。

一般而言，傳統的好萊塢編劇分為兩派，一派重情節，另一派重角色。這反映了電影編劇多麼受到理論的影響。情節派的勢力最大，理論支撐可追溯到亞里斯多德的《詩學》，他分析戲劇的六大要素，認為情節的地位大於角色。但是到了一九四六年，這個狀況有了改變，匈牙利裔的美籍編劇大師埃格里出版了他的名著《編劇的藝術》，將角色的重要性提升第一位。這件事對電影工業來說，有了很大的啟發。電影的誘人之處，除了說故事外，還有大銀幕上的明星。觀眾對臉的著迷，是持續買票走進戲院的主要原因。《終極警探》編劇史蒂芬・德蘇薩強調《編劇的藝術》對他創作技巧的助益；《春風化雨》編劇湯姆・舒曼表示，「亞里斯多德的《詩學》與埃格里《編劇的藝術》這兩本書對我幫助最大。」上述說法，不是沒有道理。

佛格勒是從神話學大師坎伯的《千面英雄》得到靈感，將其改造成英雄旅程，他在本書正文一開始的「實用指南」一節，完整交代坎伯與英雄旅程之間的關係。坎伯深受分析心理學大師榮格的影響，而佛格勒也踏上了這條道路。《作家之路》的特色，是將先坎伯的神話學改造成情節寫作的規範，再來是把榮格的原型概念（archetype），應用在角色塑造上，使得情節與角色的功能得以互相支持，強化故事的完整性。佛格勒在《作家之路》的一大貢獻，是找到一個方法，讓亞里斯多德與埃格里兩派可以握手言和。我們可以在本書的章節安排看到這樣的設計。在第一部分的〈旅程地圖〉，佛格勒把焦點先放在原型角色上，第二部分才介紹〈英雄旅程的十二個階段〉，並將原型角色的功能置入各個階段當中。比如第二階段歷險召喚的原型是使者，第三階段出現的原型是師傅，負責第四階段的原型角色是門檻守衛等等。

坎伯的《千面英雄》對盧卡斯《星際大戰》系列的影響，是許多讀者熟悉的軼聞，佛格勒在本書第二部分有一節在專門討論《星際大戰》系列與英雄歷程的關係。坎伯的《千面英雄》對當代電影編劇的影響，實在是不容小覷的現象。前面提到同被歸於電影編劇大師羅伯特・麥基，他在《故事的剖析》的推薦閱讀，將《千面英雄》列在書目裡；另一本編劇暢銷書《電影的魔力》，作者霍華・蘇伯（Howard Suber）於致謝函裡提到坎伯思想對他的意義，都證明坎伯神話學對好萊塢電影編劇理論的影響。為了凸顯英雄旅程的不隨時間與地域變化的普遍性，在這個二十五周年紀念版中，佛格勒又增加了一篇關於《水底情深》（2017）的討論，分析全片如何展現英雄旅程十二個階段，並探討導師這個原型角色，其功能是如何分散在不同角色身上。

坎伯的《千面英雄》雖受榮格理論的影響，但我們也不能忽略這個體系與俄國形式主義大師普羅普（Vladimir Propp）《民間故事的型態學》（*Morphology of the Folktale*）的共通之處。普羅普的著作，一樣試圖尋找成為故事的普遍原則。他分析了一百部俄國童話所得到的結果，其實與《作家之路》所提出的英雄旅程非常接近，但更為豐富，值得在此略為補充。佛格勒雖然在本書只是蜻蜓點水式提到普羅普及其作品，但他於二〇一一年出版的《故事創作備忘錄：結構與角色的祕密》（*Memo from the Story Department: Secrets of Structure and Character*），則完全以普羅普的體系來講電影編劇。

普羅普認為所有的故事，都可以包含在以下三十一項功能內，而它的順序則與本書英雄旅程的十二個階段有重疊之處：

普羅普《民間故事的型態學》	**佛格勒《作家之路》**
1. 一位家庭成員缺席	平凡世界
2. 對主角下一道禁令	
3. 違背禁令	

4. 對手試圖打探消息	
5. 對手獲得受害者消息	
6. 對手試圖欺騙受害者或取得財物	
7. 受害者被騙	
8. 對手給一名家庭成員造成傷害或缺少某樣東西	歷險的召喚
9. 災難或缺少被告知，向主角提出	拒絕召喚請求
10. 主角同意反抗	遇上師傅
11. 主角離家	跨越第一道門檻
12. 主角受到考驗，因此獲得魔法或幫手的協助	試煉，盟友，敵人
13. 主角對幫手的行動做出反應	
14. 寶物落入主角手中	
15. 主角被引導到尋找對象	進逼洞穴最深處
16. 主角與對手對決	
17. 主角蒙受污名	苦難折磨
18. 對手被打敗	

19. 最初的災難與不幸被消滅　　獎賞
20. 主角歸來　　回歸之路
21. 主角遭受追捕
22. 主角在追捕中獲救
23. 主角掩蓋身分回到家鄉或另一國度
24. 假冒的主人提出無理的要求
25. 給主角出難題
26. 難題被解決
27. 主角被認出　　復甦
28. 假冒的主人或對手被揭露
29. 主角獲得新形象
30. 壞人受到懲罰
31. 主角結婚，登上王位　　帶著仙丹妙藥歸返

普羅普的三十一項功能非常具有啟發性，例如第一項——家庭成員的缺席，其

實是許多故事主角的重要背景，從白雪公主、蜘蛛人、哈利波特、張無忌到海角七號的阿嘉，這些主角都是父母不詳或沒有完整家庭的人（這暗示著家庭完整的角色很難發展出故事）。這讓我們理解到，二十世紀以來在符號學與敘事學的研究進展，對故事創作很有幫助，有不少學者或教師，將這些研究成果轉化成創作技巧。例如約翰．特魯比（John Truby）頗受好評的《故事寫作大師班》一書，便把法國語言學家格雷馬（A. J. Greimas）的符號矩陣，用來設計角色關係。

二〇二一年十一月，為了慶祝《作家之路》二十五周年紀念的發行，麥可．衛斯出版社與專門培養影視編劇「銀幕技巧」（screencraft.org）合作，在疫情期間進行一場線上論壇，包括神話學學者威爾．林恩（Will Linn）、拍攝《黑天鵝》奧斯卡金獎導演戴倫．艾洛諾夫斯基（Darren Aronofsky）、宗教哲學家傑佛瑞．克里普（Jeffrey J. Kripal）與影展總監柯琳．布爾多（Corinne Bourdeau）都參與了這次盛會。有趣的是，整場近八十分鐘的討論，大部分的焦點，都不是在談故事寫作或編劇的技巧，而是討論《作家之路》的出現，對這個世界的影響。其實這個部分，就是本書的〈附錄〉所探討的重點，佛格勒在此花近一百頁的篇幅，深入探討故事對人類存在的意義。在線上座談的中，佛格勒坦言，這二十五年來，他不斷思考極性的對立轉化，發現這不僅僅是發生在故事當中，更是主導人生的潛規則，如同陰陽兩極一般，經常造化弄人。其實，佛格勒這本書的前言就提到：「這本書依照《易經》的格局編排。」他在〈極性〉這一節更明確解釋：「當情勢極度對立，雙方都被拉扯到最極端的位置時，極性就會自行反轉。中國的《易經》提到：『變動之道，物極必反。』」

佛格勒在這本書中，亦經常引用榮格的陰影理論來解釋極性。每個原型角色都有其陰影，而這些陰影推動了情節發展與創造戲劇張力。我們可以換個說法，來說明角色的陰影對故事的重要性。拍攝《大國民》的二十世紀最偉大電影導演奧森・威爾斯（Orson Welles），講過一個小故事（這個小故事後來在獲奧斯卡最佳原著劇本的英國電影《亂世浮生》（*The Crying Game*）中又被說了一遍）。有一隻蠍子要過河，但它不會游泳，恰好一旁有隻烏龜也要過河。蠍子請烏龜背它過河，但是烏龜不肯，它說：「我怎麼知道你不會螫我。」蠍子說：「我有那麼笨嗎？如果我螫你，你死了，我也會淹死。我幹嘛做這種蠢事！」烏龜想想有道理，答應背蠍子過河。沒想到游到一半，忽然覺得屁股痛痛的，回頭一看，原來是蠍子螫了牠一下。全身麻痺的烏龜，在沉下去之前對即將淹死的蠍子喊道：「你不是說不會螫我嗎？」「對不起，我沒辦法，因為我是蠍子啊！」臨死前蠍子如此回答。奧森・威爾斯將這個例子延伸，強調像蠍子這種表面與內在衝突的角色，就是受歡迎的電影所要尋找的故事素材。別的不說，想想香港類型電影所偏好的臥底警察，不就是表面（黑道）與內在（警察）衝突的最佳例子嗎？

《作家之路》說了最重要的事，卻沒有說完所有的事。在電影中，還有對白、主題、畫面與表演等等，牽動著觀眾的欣賞，以上的每一部分，都有許多技巧可以磨練與學習。國外出版了這麼多編劇理論著作，說明了一件事，得獎或許靠天分，但是產業的出現，卻需要有培訓的方法。

讀完《作家之路》不會讓你立刻寫出好作品，但是，你若持續寫，創作出受歡迎故事的速度，會比沒學過方法的人快。這些規則就像是棒球的基本動作，平常就要練好它，然後在上場揮棒時忘掉它。你就是作家之路上的英雄！

近年來影視編劇的著作如雨後春筍般出現，我特地去查了一下《想清楚，寫明白：好的影視、劇場、小說故事必備的七大元素》[35]出版後，專業圈子的反應為何？幾個美國編劇網站，比如銀幕技巧（screencraft.org）、電影編劇集氣（screenwritingstruggle.com）、劇本天使（scriptangel.com）等，都有書評的發表，並給予好評，肯定本書將核心放在大多數編劇書所忽略的想法上頭。

另一個比較顯著的例子，是這本書於二〇一八年九月出版後，線上編劇頻道《電影勇氣》（Film Courage）於同年十二月四日於「Youtube」上傳了一個對作者的專訪，近兩年來的點閱率達六萬三千次。這對於一個全長有一個半小時、單機固定鏡頭的談話影片，這的確是相當高的觀看

35《想清楚，寫明白：好的影視、劇場、小說故事必備的七大元素》（*The Idea: The Seven Elements of a Viable Story for Screen, Stage or Fiction*），張瓅文譯，商周出版，2020。

次數，而底下的留言有八十八則，幾乎都是正面評價，其中一則寫道：「艾瑞克．柏克在擔任我編劇教練的一個月期間，我所學到的，勝過我在南加大的編劇碩士學位，還有幾年來擔任好萊塢製作人的經驗，以及過程中上過的無數工作坊及課程。」

《想清楚，寫明白：好的影視、劇場、小說故事必須具備的七大元素》在亞馬遜書店的全球二百七十六則評分中，有83％讀者都給了五顆星的滿分，我認為這本書會受大量肯定，是艾瑞克．柏克將故事寫作的焦點放在從產業思考。許多作者或故事教學，都會把重點擺在寫作技巧上，而且非常重視原創。但其實，故事產業的基礎是在類型，而觀眾眼中的原創性與作者心中的原創性是不一樣的。就觀眾或讀者的角度，他們總是先從類型出發，有人愛看科幻片，有人喜歡推理小說，有人專攻宮廷劇等。類型的好處，是觀眾的期待，建立在於對類型規則的熟悉，而故事作者的挑戰，是要超越觀眾的期待，在類型中有所突破，這就是娛樂性的來源。

如果是全然的原創，那也很棒，那是偉大的文學藝術，那是卡夫卡的《蛻變》、普魯斯特的《追憶逝水年華》，但這不是本書想討論的。

艾瑞克．柏克所列舉的七大元素，都是從觀眾出發的市場角度，去思考故事寫作應該注意什麼，並分享了他個人從產業與教學的第一手經驗，希望能協助編劇不要繞遠路，不要犯下故事產業的七宗罪。他將意義性放在最後一項，不是他認為意義不重要，而是好的故事，不是一開始就得先想意義，「作者通常是要到寫作尾聲才會想到（並開始探索主題），主題不必一開始就出現……無論一開始有沒有主題的想法都沒有關係，因為隨著故事發展，當其他要素都被解決之後，主題就會逐漸形成，並開花結果。甚至寫作過程可能需要一改再改，關鍵主題才會逐漸明朗。」

我在閱讀過程當中，經常覺得最喜悅也是最有收穫的，是作者將他的經驗化成可以參考的諸多原則，比如第三章的「讓觀眾揪心的八大困境」，第七章「最具療效的十帖娛樂良方」，第八章「讓觀眾感悟意義性的十種方式」等。這些原則是奠基在對大量具體故事案例的研究基礎上。如同一個個有效的故事路標，這些原則能協助想進入故事產業的創作者甚至製作公司，快速檢測自己是否在往對的方向前進。

這本書還有超越目前坊間其他故事寫作書籍的地方，是艾瑞克．柏克理解到不同媒體的說故事策略是不同的，電影通常是一個主角的故事，電視劇卻往往是一群面對相同困境的角色們的故事。在大多數關於編劇的著作都以電影為主要楷模的情況下，本書對於創作連續劇應該留意的特殊細節，有很多珍貴提醒，也彌補了網路劇大量拍攝的新時代產業需求。

如同好萊塢製片流行的一句話：「其實你真正需要的，往往只是一個好點子。」但好點子並不容易捕捉，作者從來沒有否定這一點，只消先讀最後一章〈讓「問題」發酵吧！〉，就知道艾瑞克·柏克的創作資歷，讓他對故事寫作的過程瞭若指掌，清楚最終這是神祕性所掌控的領域。

只是讀過本書之後，想加入故事產業的創作者會明白，故事的想法就是一把火炬，可以照亮前方道路，並透過七大元素的引導，避開危險，而不是自我感覺良好地跌落山谷，浪費創作時間與投資者金錢。

國家圖書館出版品預行編目資料

閱讀在靈光消逝的年代裡：35本書以及閱讀的理由 / 耿一偉 著.
-- 初版. -- 臺北市：商周出版, 城邦文化事業股份有限公司出版：
英屬蓋曼群島商家庭傳媒股份有限公司城邦分公司發行, 民112.07
面； 公分. --

ISBN 978-626-318-751-1（平裝）

1. CST: 作家 2. CST: 世界傳記

781.054 112009157

閱讀在靈光消逝的年代裡

作　　者 / 耿一偉
責任編輯 / 林宏濤

版　　權 / 吳亭儀
行銷業務 / 周丹蘋、賴正祐
總 編 輯 / 楊如玉
總 經 理 / 彭之琬
事業群總經理 / 黃淑貞
發 行 人 / 何飛鵬
法律顧問 / 元禾法律事務所 王子文律師
出　　版 / 商周出版
城邦文化事業股份有限公司
臺北市中山區民生東路二段141號9樓
電話：(02) 2500-7008 傳眞：(02) 2500-7759
E-mail：bwp.service@cite.com.tw
Blog：http://bwp25007008.pixnet.net/blog
發　　行 / 英屬蓋曼群島商家庭傳媒股份有限公司城邦分公司
臺北市中山區民生東路二段141號11樓
書虫客服服務專線：(02) 2500-7718・(02) 2500-7719
24小時傳眞服務：(02) 2500-1990・(02) 2500-1991
服務時間：週一至週五09:30-12:00・13:30-17:00
郵撥帳號：19863813 戶名：書虫股份有限公司
讀者服務信箱E-mail：service@readingclub.com.tw
歡迎光臨城邦讀書花園 網址：www.cite.com.tw
香港發行所 / 城邦（香港）出版集團有限公司
香港灣仔駱克道193號東超商業中心1樓
電話：(852) 2508-6231 傳眞：(852) 2578-9337
E-mail：hkcite@biznetvigator.com
馬新發行所 / 城邦(馬新)出版集團 Cité (M) Sdn. Bhd.
41, Jalan Radin Anum, Bandar Baru Sri Petaling,
57000 Kuala Lumpur, Malaysia
電話：(603) 9057-8822 傳眞：(603) 9057-6622
Email：cite@cite.com.my

封面設計 / 雨城藍設計事務所
內文排版 / 新鑫電腦排版工作室
印　　刷 / 韋懋印刷有限公司
經 銷 商 / 聯合發行股份有限公司
電話：(02) 2917-8022 傳眞：(02) 2911-0053
地址：新北市231新店區寶橋路235巷6弄6號2樓

■2023年（民112）7月初版
定價 400 元

Printed in Taiwan
城邦讀書花園
www.cite.com.tw

ISBN 978-626-318-751-1

廣　告　回
北區郵政管理登訁
台北廣字第00079
郵資已付，免貼郵

104台北市民生東路二段141號11樓

英屬蓋曼群島商家庭傳媒股份有限公司　城邦分公

請沿虛線對摺，謝謝！

書號：BA9029	**書名：**閱讀在靈光消逝的年代裡	**編碼：**

請於此處用膠水黏貼

商周出版

線上版讀者回函卡

讀者回函卡

感謝您購買我們出版的書籍！請費心填寫此回函卡，我們將不定期寄上城邦集團最新的出版訊息。

姓名：________________ 性別：☐男 ☐女

生日：西元________年________月________日

地址：________________

聯絡電話：________________ 傳真：________________

E-mail ：

學歷：☐ 1. 小學 ☐ 2. 國中 ☐ 3. 高中 ☐ 4. 大學 ☐ 5. 研究所以上

職業：☐ 1. 學生 ☐ 2. 軍公教 ☐ 3. 服務 ☐ 4. 金融 ☐ 5. 製造 ☐ 6. 資訊

☐ 7. 傳播 ☐ 8. 自由業 ☐ 9. 農漁牧 ☐ 10. 家管 ☐ 11. 退休

☐ 12. 其他________________

您從何種方式得知本書消息？

☐ 1. 書店 ☐ 2. 網路 ☐ 3. 報紙 ☐ 4. 雜誌 ☐ 5. 廣播 ☐ 6. 電視

☐ 7. 親友推薦 ☐ 8. 其他________________

您通常以何種方式購書？

☐ 1. 書店 ☐ 2. 網路 ☐ 3. 傳真訂購 ☐ 4. 郵局劃撥 ☐ 5. 其他______

您喜歡閱讀那些類別的書籍？

☐ 1. 財經商業 ☐ 2. 自然科學 ☐ 3. 歷史 ☐ 4. 法律 ☐ 5. 文學

☐ 6. 休閒旅遊 ☐ 7. 小說 ☐ 8. 人物傳記 ☐ 9. 生活、勵志 ☐ 10. 其他

對我們的建議：________________

____

____

請於此處用膠水黏貼